台灣史100件大事（下）戰後篇

李筱峰◎著

目　錄

55 國民政府接管台灣

美國的兩顆原子彈，結束了二次大戰。撤退到大後方的中國國民政府措手不及成為戰勝國，在倉促中接管台灣。台灣人滿懷期待慶祝「光復」，卻不知道新的變局即將來臨。

1945年（昭和20年）8月6日及9日，盟軍的兩顆原子彈分別在日本的廣島和長崎開花。8月15日，日本宣佈無條件投降。在戰爭中節節敗退到大後方的中國國民政府，意想不到地成為戰勝者。當時日本的投降，不是向中華民國投降，而是向聯合國盟軍投降，聯合國最高統帥再指派中國戰區最高統帥蔣介石接受日軍在中國戰區的投降。台灣就在這種情況下，由蔣介石派員接管，實際上，這是一次暫時的軍事佔領（詳見本書第63節〈台灣地位未定論的提出〉）。10月25日，中華民國的陳儀將軍，在公會堂（後來改名中山堂）接受日軍投降，當時大家都毫無懷疑地稱之為

終戰後，在台中火車站前，商人捐獻的歡迎牌樓寫著歡迎的對聯，迎接「祖國」的到來。

「台灣光復」。

「台灣光復」雖然在程序上沒有經過台灣住民的同意，但是就實際民情來看，當時一般台灣人民對於所謂「光復」，大多抱持歡迎的態度，並以中國大陸其他地區沒有的熱烈心情，迎接來自大陸的國民政府。例如，曾經在日本時代從事抗日社會運動的人士，如陳炘、葉榮鐘等人，籌組「歡迎國民政府籌備委員會」，在各地張燈結彩，以迎接國民政府。有一副對聯這樣寫著：「喜離淒風苦雨景／快睹青天白日旗」；全島各大市鎮都有當地青年自動自發組織地方團體，用來維持地方秩序，保護日本留下的敵產，以便讓國民政府能順利接收。當時台灣人對於這些來自「祖國」的接收人員的心理，作家吳濁流曾這樣描述說：「對這些接收人員，台灣人打從心底以對待英雄的方式歡迎。」（吳濁流《台灣連翹》）

儘管台灣人民歡天喜地迎接「光復」，歡迎新來的「祖國」，但是新來的中國政府卻以「征服者」的態度對待台灣。首先，國民政府在台灣設立了一個和中國大陸各省不一樣的制度，叫做「台灣省行政長官公署」，做為統治台灣的總機關。這個機關

太平通(今延平北路)掛著歡迎的布條與標語。圖中的中華民國「國旗」的青天白日位置放反了,可見當時台灣人對於心目中的「祖國」還相當陌生。一年四個月後,這裡附近發生了延平北路緝煙血案,爆發二二八事件。

學生與民眾揮舞「國旗」歡迎中國軍隊與官員的到來。

擁有行政、立法、司法、軍事各項大權,齊集一體,很像日本時代總督府的翻版,延續了類似日本時代的殖民體制。因此,許多滿懷期待與理想的台灣知識份子,看到這種體制出現之後,都失望地戲稱它叫「新總督府」。擔任台灣行政長官兼台灣警備總司令的陳儀,則被稱為「新總督」。戰後台灣的政治、經濟、社會等各項資源,幾乎壟斷在這種所謂「新總督府」的體制下,也為一年四個月後的二二八事件埋下了伏筆。

國民政府接管台灣後,首先讓台灣人

民立刻感受到的是政治上的全面壟斷、特權橫行、貪污腐敗,而且外行領導內行。

國民政府雖然名義上給台灣人參政的機會,但實際上卻以「台灣沒有政治人才」為藉口,甚至以「台胞不解國語國文」為理由,把許多受過良好教育的台灣人排斥在中高級職位之外。因此戰後的台灣,重要的職位幾乎由來自大陸的人士所壟斷。例如,在台灣省行政長官公署的21名高層人員中,只有1名台籍人士(他是教育處副處長宋斐如,而且,不幸在二二八事件中也被殺害了)。再者,在長官公署的316名中層人員中,台籍人士只有17人,餘皆大陸人。於此可見,戰後大陸人取代了日據時代日本人在台的統治地位,讓滿懷期待的台灣知識份子開始感到失望。

大陸人士壟斷權位之後,緊接著是牽親引戚的群帶關係開始出現。中國文化中「家族政

台灣行政長官陳儀,被民間稱為「新總督」。

陳儀(中)初抵台灣,攝於松山機場。

公會堂(今中山堂)前廣場,民眾爭觀受降典禮。

更令台灣人不平的是,同一個單位、同一個級職、同樣的工作,大陸人領的薪水,往往是台灣人的兩倍。他們美其名說是「偏遠地區」的「加薪」。日據時代也有「加俸」的差別待遇,但差距還沒有這麼大。

差別待遇還不要緊,外行領導內行才更叫人嘖嘖稱奇。在大陸上不熟知甘蔗、蔗糖的人,來了台灣可以當起糖廠的主任、廠長;在大陸上沒有看過火車的人,來了台灣可以當鐵路局的課員,一個月薪水六百元,遠超過一個月只領四百元、擁有十幾年鐵路經驗的台籍副站長。

以上的不平與不公,都還不是最嚴重的。最讓台灣人民不能忍受的,是官場上的貪污腐化。按中國在抗戰結束後,國民政府一些接收人員到光復區專接收金條、洋房、汽車、高位和小妾,中飽私囊,民間譏稱他們「五子登科」(五子是指金子、房子、車子、位子、女子)。來到台灣的接收人員,也有不少「五子登科」的人。廖

治」的特色,開始在台灣島上「光復」了。例如,台中地方法院五十名職員中,有一半職員是院長的親戚;花蓮法院也類似如此;農林處檢驗局的葉姓局長一上任之後,把一位具有30年經驗的台省籍技正范錦堂弄走,然後以葉局長的二房姨太太來補缺;高雄有一所學校,新任劉姓校長上任之後,竟然聘用了一位不識字的老師,原來這位不識字的老師是校長的岳父大人。這種現象,在日據時代是絕不可能發生的。

1946年2月出刊的《新新》月報上面的這張漫畫,反映出戰後社會官商勾結囤積米糧的情形。

文奎博士曾沉痛指出：「接收及行政人員，多係貪污之流……，或公財私用，或敵產擅賣，或浮報不實，人在台省，心在上海賭場，全無節用愛民，經國濟世之舉措，其腐敗卑劣每非台胞所能想像者。」所以當時台灣民間把「接收」謔稱為「劫收」。「劫收」後政治的貪污腐敗風氣，讓台灣同胞開了五十年未開之眼界。1946年（民國35年）1月底到2月上旬的《民報》上，有關貪污的新聞就有6件之多，平均兩天一件，這些目不暇給的醜聞，令台灣人痛心疾首。台灣民間流傳著一句俗話，用來挖苦那些來台接收的人什麼都吃—「食銅食鐵，食kahアルミ（鋁），有毛e，食kah鬃簑；無毛e，食kah稱錘；有腳食kah樓梯；無腳e，食kah桌櫃。」

　　在經濟方面也同樣全面的壟斷。代表著當時統制經濟的兩個機構，一為專賣局，一為貿易局。行政長官公署繼承日治時代的專賣制度，對樟腦、火柴、煙、酒、度量衡等用品全部納入專賣制度；另設貿易局，壟斷了全台工、農產品的購銷和輸出。公營事業又無限擴大，遠超過日治時代的獨占企業。省內復員人數日增月加，公營生產事業又因用事不得其人，致使各業半身不遂，因之失業者之數不能勝算，當時全台人口600萬，失業人口有40萬到80萬不等的記錄。物價因官僚資本的剝削和台幣的濫發，一漲再漲，甚至不知其終止點。以往以產米和糖聞名於全世界的台灣，米糖價格反比上海、香港、廈門等地還貴，台北市零售米價在國府接收的1年多後，漲了400倍，結果生民塗炭，民不聊生。總之，國府接管後的台灣人民，生活

更加窘困，誠如美國華盛頓大學教授F.H. Michael和G.E. Taylor在其合著的 "The Far East in the Modern World" 一書中所說的：「那些幾乎為全島經濟命脈所繫的日本企業，被納入政府的專賣組織，並由大陸來台的中國人充任其中，台灣的財富受到有系統的掠奪（Looted），生產力大降，稻米頓然短缺。對台灣人來說，他們立刻感覺到，少數的中國官員將獨占島上的經濟……」

　　由於經濟蕭條、民生凋敝，因而社會上盜賊四起，尤其是「由內地來的同胞，常結黨成群，各處劫奪財物」（1946.10.28《民報》社論〈要預防年底的危機〉）。更令台灣人民痛心疾首的是，派駐在台灣的軍隊紀律敗壞，經常欺擾人民。軍紀到底如何敗壞？且看當時擔任憲兵第四團團長的高維民，對當時軍紀的一段回憶：

　　「廿五日接收以前，我便裝到台北各地走過，發現這個地方秩序井然，現象真好，

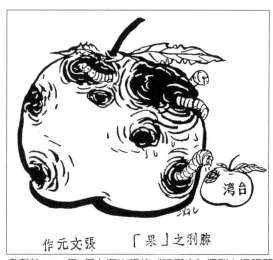

登載於1947年3月上海出版的《時與文》週刊上這張題為「勝利之果」的漫畫，反映戰後台灣的處境。這張漫畫對台灣而言，題目應該叫做『「光復」之果』。

並從新職人士中得知『夜不閉戶，路不拾遺』。商店訂價後不作興討價還價，店東可說是童叟無欺，對每個人都很和藹、誠實。風氣太好了，我非常感動。但是七十軍的部隊實在太糟，該軍在基隆未下船前，雖有零星上岸，披著毯子，拖著草鞋，隨便在船邊大小便者，而因範圍小，影響不大，正式下船時，雖然整隊而行，其服裝破爛，不堪入目，於夾道歡迎的人群中，頓使台省同胞失望，……七十軍是先我一週來台的。這些兵於十月廿五日開始接收之日放出來以後，問題多了。……[中略]當時台胞普遍都騎腳踏車，譬如到郵局辦事，都把車停在郵局前面的車架裏，那些兵一看沒鎖，也沒人看，騎了就走。[中略]那時候沒鐵門，也沒有圍牆，只是用幾塊石頭，圍成院子種些花草，也有少數士兵一看屋裏沒人，跑進去拿東西，這在過去從來沒有的。還有，不守秩序，他們習慣的坐車不買票。搭火車不走正門，從柵欄上就跳進去；上車也不走車門，從車窗就跳進跳出。當時只有一家大陸口味的大菜館蓬萊閣，該軍一少校參謀吃飯時，對女招待動手動腳，惹起反感，乃開槍示威。」（高維民口述，福蜀濤記錄，〈台灣光復初時的軍紀〉，載《中華雜誌》25期，1987.2。）

隨七十軍來台的軍人作家張拓蕪也說，台灣民間稱七十軍為「賊仔兵」。

國民政府接管台灣第二年，社會治安嚴重惡化，一年之間刑事案件增加28倍。1946年，台灣社會經常發生軍警與民眾衝突事件，社會動盪不安。

台灣人原以為同文同種的中國，是心目中可以託付的祖國，沒想到，真正的中國降臨台灣後，才發現這個中國與心目中的「祖國」相差甚遠，簡直難以適應。

國府接管台灣的1年4個月後，台灣爆發了二二八事件。

【基本參考資料】
◆詳見李筱峰，《解讀二二八》，1998，台北，玉山社。

56 台灣省參議會成立

1946年2、3月間，台灣開始選舉各級民意代表，4月15日選舉台灣省參議會議員，許多知識份子都煞有介事地要參與政治，然而……

對於新時代的即將開始，台灣人民充滿著殷切的期待，也編織著美麗的憧憬。特別是社會領導階層的士紳、知識份子，對於與聞地方政治開始發生興趣，興起參政的熱潮。

1946年（民國35年）2月上旬，台灣省辦理公民宣誓登記及公職候選人聲請檢覈，這是台灣省建立各級民意機關的前奏。根據「台灣省各級民意機關成立方案」（1945年12月26日公布），各級民意機關建立的程序，是先成立村里民大會，由村里民大會選舉縣市議員，成立縣市參議會，再由縣市參議會選舉省參議員，成立省參議會。在村里民大會成立之前，先行舉辦公職候選人檢覈，結果，聲請公職候選人檢覈並經初複審程序通過者，多達36,968人。經過公民宣誓登記及公職候選人檢定後，各縣市的區鄉鎮及縣轄市的民意代表，便於2、3月陸續選舉產生，投票方法採無記名單記法，全省共選出區鄉鎮市民代表7,078人。緊接著，又由各鄉鎮區民代表及職業團體（各級農業會為主）於3、4月間選出各縣市參議員，名額共計523名。4月15日，進一步選舉省參議員。省參議員應選名額僅30名，而全省申請參選的候選人，竟達1180人之多。其中，以台南縣（日據時代的台南州，包括今天的雲嘉南

當時的省參議員多為士紳階級，還沒有「黑道」份子混進來漂白。

台灣省參議會開議會場，還掛有中國國民黨黨旗。

三縣）來看，應選名額僅4名，而候選人多達481人。這1180名候選人，是投票選舉人—523名縣市參議員—的2.26倍。這個龐大的數字，如此激烈競選的盛況，恐怕是人類選舉史上的罕見特例。於此可以想見，戰後當時「有知識者都不約而同地想走進政治的窄門」（吳濁流語），也可以了解，戰後初期許多社會菁英對於新的時代充滿著抱負與期待。

台灣省參議會於1946年5月1日成立，當天下午舉行大會，並選舉正副議長。當時，有意問鼎議長職位的有兩人，一為在日據時代領導台灣議會運動的林獻堂；另一人是從重慶回來的「半山」人士黃朝琴。以林獻堂數十年在台灣社會的聲望與資歷，以及在日據時代從事民族運動、議會運動付出的心力，要擔任議長，不僅理所當然，亦非難事。然而，當局卻透過丘念台幕後協調，「勸止獻老勿競選省[參]議會議長，推讓與後進少壯黃朝琴君」（丘念台語）。黃朝琴終於當上議長，副議長也是由「半山」人士李萬居出任。參議會的秘書長，也是派「半山」人士連震東（連戰的父親）擔任。所謂「半山」，是當時台灣民間針對那批去過中國大陸投效中國政府回來的台籍人士的稱謂。新來的「祖國」政府，儘管讓台灣人選舉民意代表，但是議長、副議長，及秘書長人選，還是由到過中國、投效國民政府的人來擔任，顯然比較放心。

再說，儘管此時的民意代表選舉悉數民選，比起日據時代半數官派顯然進步，但實際上省參議會並沒有什麼實權，只是一個諮詢機關而不是議決機關，審核預算也只能對支出部份審核，歲入部份就不能審核，也不可能議決政策。所以開放台灣人參選，卻不給予應有的政治權力，實則只是一種安撫作用而已。不過，當時的省參議員，都是富有社會聲望的地方士紳，其中不乏敢言直諫的諤諤之士，他們在參議會中的發言，多能切中時弊，反應當時的政治現況。例如，曾經轟動社會、令人印象深刻的是王添灯和林日高兩位參議員聯名提出追究「資源委員會」接收台糖公司十五萬噸白糖的下落，和財政處專賣局、貿易局的貪污案。根據王添灯和林日高揭露，台灣省行政長官公署讓「資源委員會」（成立於1932年11月，直屬南京國民政府行政院）將台糖公司由日本官方和民間製糖會社所接收過來的15萬噸白糖，無償地轉讓給貿易局，運到上海出售，售款則存在「貿易局上海辦事處」名下，實則為四大家族（孔祥熙、宋子文、蔣介石、陳果夫和陳立夫）與陳儀等分贓殆盡，致使島內糖價暴漲。當時上海出售的台糖每斤130元，台灣卻是每斤170元，相差40元，乘以15萬噸，僅台灣糖一項，台灣人

民就被奪去120億台幣。而且，這項舞弊使得台糖公司缺乏再生產資金，不得不向台灣銀行貸款40億台幣。這場質詢中，最為人們所樂道的是王添灯對陳儀所指責的一段話：「陳儀長官很關懷台灣同胞，開口閉口台灣同胞！對長官的關懷，台灣同胞是非常感激的，但是，很不幸的是，那些接收大員不是關心台灣同胞，他們關心的是台灣糖胞。……」王添灯和林日高又揭露貿易局和專賣局兩位局長吞沒數千萬元台幣的接收物，王添灯針對專賣局長任維鈞吞沒鴉片70公斤私運香港變賣一事，質問任說：「你知不知道專賣局報銷70公斤鴉片這件事？」任回答說：「聽說是給白蟻吃掉了！」任的回答引起旁聽民眾哄堂大笑，王添灯緊追不捨的說：「既然是給白蟻吃掉的，那麼我提議請幾個權威的科學家和醫生來試驗，看看白蟻會吃鴉片否？」事後證明，鴉片是被民間所稱謂的「大官虎」吃掉的，不是被白蟻吃掉。

今天我們翻閱當年開會的發言記錄，必可發現這是了解當時台灣政治社會的珍貴史料。然而，吾人又不免懷疑，以中國過去的政治文化、官場風氣，豈真容許這些台灣菁英有自由說話的空間嗎？答案終於在不久的二二八事件之後揭曉了。二二八事件爆發後，省參議會中有多人遭受整肅：王添灯、林連宗等人遇害，林日高、郭國基、馬有岳、顏欽賢、洪約白、韓石泉等人遭逮捕或通緝，甚至連黃朝琴都險遭不測。林日高雖於事件後被釋放，但不久又在白色恐怖案件中遭處決。

事件後，省參議員大多意興闌珊，誠如當時的省參議員韓石泉在回憶錄中所說

的，事件後省參議員「大都意志消沈，噤不作聲，與第一次大會情形比較恍如隔世」。 4年多後，第一屆臨時省議員選舉（1951年11月），應選名額增加為55名，但是候選人卻只剩下140人參選，比起省參議會當初的選舉──應選名額僅30名，候選人多達1180人──的熱潮，真的是不能同日而語。

【基本參考資料】
◆鄭梓，《本土精英與議會政治—台灣省參議會史研究》，1985，台中，著者印行。
◆李筱峰，《台灣戰後初期的民意代表》，1985，台北，自立晚報。

57 國語推行委員會成立

接管台灣的中國國民政府，為了讓受過日本「奴化」的台灣人能心向祖國，大力推動「國語」運動，1946年4月成立「國語推行委員會」，做為國語運動的機關。

香港被異族的英國殖民統治了155年，香港人的廣東話依然流利順暢，一點都沒有流失；台灣被號稱「祖國」的國民黨統治不到50年時，台灣下一代子弟已經不太會講自己的母語了。為什麼會這樣？

談起國民黨政府在台灣實行的「國語運動」，絕對不輸給日本人皇民化時代在台灣推動的「國語運動」。日本人治台的前期，都還在師範學校裡面開有漢文課程，聘請台灣的漢學家用台灣人的母語讀漢文。國民黨接管台灣不久，就開始推動「國語」運動，禁止台灣人使用自己的母語，並將之貶低為「方言」。

國民政府認為台灣受日本「奴化」甚深，對「祖國」文化不了解，所以要積極清除台灣社會的日本色彩。透過「國語」的學習，以便了解中國文化。這項政策，不僅霸道，而且無知，因為台灣的鶴佬話（福佬話）、客家話，與被列為「國語」的北京語，同屬漢語系。日本人禁止這些漢語系語言，目的是要清除台灣人的漢民族意識，沒想到中國政府來了之後，竟然也以禁止這些漢語系語言來清除日本思想，簡直愚蠢到了極點。當然，國民政府禁止的語言，還包括原住民語。

他們定於一尊的「國語政策」還有另一個重要目的，那就是要防止台灣人的本土意識的發展，以便與大中國融為一體。

這種「國語政策」的推動，由「台灣省國語推行委員會」開始帶動。

國民政府於1945年10月接管台灣後，隔月即派員來台準備籌設「台灣省國語推行委員會」，並於在1946年（民國35年）4月2日正式成立。成立之後，首先頒布標準「國音」，同時於各縣市設立「國語推行所」、講習班，積極推展國語運動。

陳儀一到台灣之後，即以台灣人不懂國語國文為由，排斥台灣人，許多台灣知識份子因此而被拒於公職之外。所以當時的省參議員郭國基要求政府要登用本省人材，「絕不容以台胞不解國語國文為理由，拒絕登用台省人，此種看法不僅無理由，且侮辱台胞無過於此」。

在推行國語政策的過程中，重要機制之一是透過教育體系，尤其以師範教育為首要。1946年3月25日行政長官公署頒布的「台灣省三十五學年度小學教員暑期訓練實施辦法」中規定，國語、國文、歷史不及格者，即取消其任教資格（但是如果國語文及格，其他科不及格，但平均及格者，

仍發給結業證書）。自1949年起，省教育廳實施師範學校國語國文畢業統考。1951年7月10日教育廳令各級學校應以「國語」教學，嚴禁「方言」，教師和學生之間談話都必須用「國語」。聘請教員時，應考慮其「國語」程度，如「國語」程度太差者，不予聘用。此後更三令五申，強調此項政策。1952年11月28日有「台灣省國民學校加強國語教育辦法」，責成校長監督、考核之責；1963年7月22日教育廳再頒「台灣省公私立小學加強推行國語注意事項」，此一命令最重要之處在於推行國語成為校長考核教師年終考績之一，而學生說不說「國語」，也影響到其操行成績。

在這種「定於一尊」的語言教育政策下，台灣本地的語言，不論是福佬話（俗稱台語）、客家話，或原住民族語言，都受到極度的歧視。大約在50、60年代間，本地學生在學校如果說自己的母語，往往要受到各種處罰（或打嘴巴，或罰跪，或罰錢……不一而足），備受屈辱。學生長期接受這種歧視的語言教育，久而久之，產生

終戰後，才剛結束日本皇民化教育的台灣孩童，在放棄日本人強迫接受的「國語」之後，又來了一套同樣是強迫接受的新的「國語」。這張照片收錄在Horace Bristol於1954年出版的 "Formosa—A Report in Pictures" 一書中，並附有如下的按語：「所有的學校都用北京語(Mandarin)教學，那也就是說，那些受過日本教育的人現在必定懂得三種語言—日本話、台語和中國話。」

巴夫洛夫式的古典制約反應，對自己的母語也會習慣性的自我歧視，自認為說自己的母語是一件鄙俗的事（如果杜甫、李白再世，來到台灣，吟起他們的詩作，恐怕也會被台灣的學生恥笑講一口鄙俗的方言）。這種心理愈來愈普遍，台灣本地學生逐漸放棄自己的母語。再加上國民黨政府所操控的廣播電台和電視台，皆大部分以所謂「國語」發音，更使得台灣本地語言日漸沒落，所謂的「國語」逐漸成為強勢語言。

彭明敏教授曾經這樣感慨地回憶說：「國民黨接收台灣後，立即強行所謂『國語運動』，從小學開始禁止使用所謂『國語』。小學生說一句台語即予以罰款或公然侮辱。政府也硬性規定在電視上、電台及電影等中，使用台灣母語不得超過一定限度。這類蠻橫無理的語言政策，古今東西，絕無僅有，甚至南非種族歧視政策最徹底時也未曾見到。一如此苛刻政策企圖消滅多數住民的母語，這又是代表強烈的「省籍」歧視政策。幾十年台灣人還是乖乖地盲從了。弄到現在，台灣青年能把自己母語正確流利講出來的，不知何幾？」（1999.4.29.《台灣日報》）

台灣住民的母語，在經過日本「皇民化」運動的摧殘之後，得不到將養恢復的生機，立刻又受到國民黨的語言霸權政策的再度摧殘。可悲的台灣人，在日本時代，日本人要他們以日語為「國語」；國民黨來了，要他們以「北京語」為「國語」，台灣人的「國語」，隨著統治者的轉變而變換，自己的母語卻在這些外來的「國語」霸權下枯萎。

教育有一項重要的任務，那就是文化的傳承與更新。語言是文化的重要內容，消滅語言就是在摧折文化。「教育」淪落到在摧折文化，那就是「反教育」了。

好在台灣在解嚴之後，政治逐漸開放，民選公職越來越多，為了選票，民眾的語言也非尊重不可。過去專門替統治集團進行打壓本地母語工作的人，為了選票，現在也開始學習本地母語了。

【基本參考資料】
◆謝麗君，《戰後台灣語言政策之政治分析》，1998，台大政治研究所碩士論文。
◆楊聰榮，《文化建構與國家認同：戰後台灣的中國化》，1992，清華大學社會人類學研究所碩士論文。

58 二二八事件

台灣人在迎接「祖國」之後，經歷了貧乏、不公、動盪不安的1年4個月，於1947年2月27日傍晚，爆發了二二八事件，引來了一場腥風血雨。

1945年底，是台灣人歡欣鼓舞「重歸祖國懷抱」的時期；1946年裏，則是台灣人心目中的祖國與眞實的中國在內心交戰、衝突、煎熬，而產生不適應的時期。在這一年中，台灣人嚐到種種意想不到的苦果—大陸人壟斷權位、官場上貪污腐敗；經濟被剝削、生產大降，物價暴漲，人民生活更加貧乏；軍紀敗壞，擾民欺

群衆聚集在專賣局台北分局前面抗議，將文卷、器具拋出馬路焚燒。（台北二二八紀念館提供）

民，治安嚴重惡化，社會動盪不安……。到了1947年初，台灣人從原本的熱望變成失望的心情，已經瀕臨絕望的邊緣了。誠如當年2月27日《民報》的社論中所提出的警訊：

「最近物價突變地在高漲，整個的經濟社會在震盪著、人民生活極端困苦，奔走駭告朝不保夕。誰都在希望政府能夠有辦法，切切實實來個解決。人民實在太夠苦了。再提起日本投降時所自設想的美麗遠景，那只有癡人。人民現在沒有絲毫的奢望，只求在最底限度的安定生活。……〔中略〕貧者愈貧，富者愈富，其中間的距離加緊地在離開，這種社會實在太危險了。社會階層的分化和對立，這是社會不安的根源。這個趨勢走到極端，便會變成整個社會的動亂。」

非常諷刺，也非常靈驗的，就在這篇呼籲要防範「整個社會的動亂」的社論發表的當天，台北市延平北路發生了查緝私菸的衝突，引爆了牽動全島的二二八事件！

1947年（民國36年）2月27日傍晚，專賣局台北分局緝私員傅學通等六人在台北市太平通（今延平北路）一帶查緝私煙，查獲中年寡婦林江邁於天馬茶房前

台北車站附近被憤怒的民眾搗毀的軍車。

專賣局台北分局前聚集的民眾。

（地址在今延平北路與南京西路交叉叉口附近）販賣私煙，查緝員欲沒收林婦煙攤的香煙及身上的金錢，林婦苦苦哀求勿全數沒收，查緝員以槍管敲擊林婦頭部，致林婦頭部出血而暈倒，圍觀民眾群情激憤，向查緝員理論抗議，查緝員一邊奔逃，一邊向民眾開槍，不幸擊中路旁市民陳文溪（延至隔天不治死亡）。民眾更加氣憤，包圍警局和憲兵隊，要求交出肇禍人員法辦，但無結果。

　　28日上午，群眾赴專賣局抗議，衝入台北分局，將許多文卷、器具擲出到馬路

上焚燒，並且打傷三名職員（一說死一人）。下午，民眾集結於行政長官公署前廣場示威請願，不料公署陽台上的憲兵用機槍向群眾掃射，死傷數十人。至此，勢態一發不可收拾，全市騷動，商店關門，工廠停工，學生罷課，警備總司令部宣佈戒嚴。由於青年民眾進入廣播電台（位置即今台北市二二八紀念館）向全島廣播事情發生的原委，並呼籲各地民眾起來響應，3月1日起，事件迅速擴及全台，全島各大市鎮皆發生騷動，憤怒的民眾攻擊官署警局，毆打大陸人，發洩一年多來的怨懟，陳儀宣佈戒嚴，軍憲則開槍鎮壓民眾，雙方傷亡頻頻傳出。各大城鎮的青年、學生，及退伍軍人組成的臨時隊伍，試圖控制軍警單位的武器彈藥，但他們大都是臨時起事的烏合之眾。較具規模的是活躍於台中一帶的「二七部隊」（以事件係2月27日發生而得名）；而較激烈的

台北火車站前也有民眾騷動。

在事件中出現的學生兵，戴日本軍帽、拿日本武士刀，他們只有這種配備可用(要不然要拿什麼？)，但被中華民族主義者罵成日本皇軍復活。

衝突，則是發生在嘉義水上機場，由阿里山鄒族原住民及平地漢人組成的民兵，與駐守機場的國府軍發生攻防戰。高雄市內火車站附近也有青年學生與國府軍隊之間的對抗。

3月1日，由國民參政員及省參議員等民意代表組成緝煙血案調查委員會，推派代表謁見行政長官陳儀，並建議組織「二二八事件處理委員會」，陳儀應允，於當日17時在電台廣播稱：一、立即解除戒嚴令；二、開釋被捕民眾；三、禁止軍警開槍；四、官民共組處理委員會。

3月2日，以民意代表為主體的「二二八事件處理委員會」在中山堂開會，公署亦派有5名官員參加。會中並決定變更該會組織，增加陣容，容納商會、工會、學生、民眾各方代表。會議進行時，場外仍頻聞槍聲，於是有人責難，認為開槍均由警察大隊所為，因而一致要求立即解散警察大隊，但無結果。

3月3日，改組擴充後的處理委員會再

開會，商定軍隊於18時撤回軍營，地方治安由憲警和學生組織治安服務隊維持。

3月4日，處理委員會決議再擴大組織，在各地組織分會，推派代表往見警總參謀長柯遠芬，要求禁止部隊再出現街頭。委員會並向省內外廣播事件經過，表示本省同胞只要求政治改革，並無其他任何目的。

3月5日下午，二二八事件處理委員會正式通過組織大綱，明白揭示「改革台灣省政」的宗旨。而全省各縣市以各縣市的參議會為主體的二二八事件處理委員會的分會，也已紛紛成立，爭相開會討論，並提出改革政治的要求。

行政長官陳儀，對於處理委員會提出的政治改革，表面上虛與委蛇，宣稱民眾如有任何意見，可經由處理委員會反映，他會盡量接納改進；但一方面卻打電報向南京請兵來台。

由於有處理委員會的居間協商，呼籲各地民眾不可胡亂毆打外省人，所以到了3月5日，各地騷動（除嘉義一帶）已逐漸平息。但是，南京國民政府主席蔣介石聽信在台軍政特務人員的一面之詞，完全不理會外國大使館的勸告，甚至連台灣民間團體代表的上電請願與建議，也置之不理，在勢態已逐漸平息的3月5日，冒然決定派兵來台。由劉雨卿所率領的第21師，已在此日接獲蔣介石的命令，準備出發開往台灣。

3月6日，處理委員會發表「告全國同胞書」，表示「這次二二八事件的發生，我們的目標在肅清貪官污吏，爭取本省政治的改革，不是要排斥外省同胞，我們歡迎

你們來參加這次改革本省政治的工作……。」

3月7日，處理委員會在紊亂的會議中，通過宣傳部長王添灯所提的32條「處理大綱」，提出具體的善後處理方案及政治改革要求。除32條要求外，會中又追加10條要求，獲一併通過，其中包括取消台灣省警備總司令部，繳卸武器由處理委員會保管，並要求台灣陸海軍皆由台灣人充任等。綜觀這42條要求，在今天看來，無甚了了，許多都是我們今天正在享受的起碼的民主條件而已。

這32條（外加10條）的要求，經向陳儀提出，陳儀未及詳讀其內容，就將之擲地，震怒拒絕。陳儀為何此時開始翻臉不認帳？因為他知道南京派來的軍隊已經出發，即將抵達台灣，因此有恃無恐，不再理會他原先所認可的「二二八事件處理委員會」。

台灣著名畫家陳澄波被槍斃於嘉義車站前，這是他被槍決後運回家中的遺體，但見子彈貫穿胸膛，鮮血噴灑全身，雙眼猶不瞑目。一代畫家的身後，為台灣留下淒列的畫面。拿彩筆的台灣畫家，如何抵擋拿槍桿的中國軍人？（陳重光先生提供）

在二二八事件處理委員會提出42條要求的隔日（3月8日）的傍晚，國府派來的軍隊在基隆登陸，當時正在碼頭工作的工人，莫名其妙遭到突如其來的軍隊的掃射。3月9日，21師進入台北，繼而向南挺進，在各地展開鎮壓與屠殺，死傷慘重。二二八事件處理委員會隨即被陳儀宣佈為非法組織而被命解散，參與開會的許多社會領導菁英，也開始被列為清算整肅的對象。

軍隊在台進行的鎮壓與屠殺中，當局雖然捕殺了許多直接參與暴動與反抗的份子，但是許多未曾參與任何暴動的社會領導菁英，包括民意代表、教授、律師、作家、醫師、記者，也幾乎在同一個時段裏被捕遇害，而許多平日敢於直言不諱的民間報刊，如《民報》、《人民導報》、《大明報》等，也遭陳儀當局查封。

當時台灣旅滬六團體於事件後曾派員回台就事件做調查，對於當時全島多處民眾遭屠殺的慘況，有如下的記述：

「屠殺方法殘酷無倫，（一）如基隆車隊用鐵絲穿過人民足踝，每三人或五人為一組，捆縛一起，單人則裝入麻袋，拋入海中，基隆海面最近猶時有屍首。（二）高雄軍隊對集會中千餘民眾用機槍掃射，全部死亡。（三）台北別動隊使用機槍及坦坦彈殺害平民。（四）基隆軍隊割去青年學生二十人之耳鼻及生殖器，然後用刺刀戮死。（五）台北將所捕平民四、五十名由三層樓上推下，跌成肉餅，未死者再補以刺刀。（六）高雄將人釘在樹上聽其活活餓死。（七）卡車上巡邏兵見三人以上民眾即開槍擊殺。（八）哨兵遇路過民眾，不問情由開槍擊殺。

這是嘉義市參議員盧鈵欽醫師被槍決時所穿的衣服。
(二二八紀念館提供)

（九）各地大批逮捕平民、未經審訊即綁出槍決或半途而處決。（十）嘉義、台南一帶人民因聞主席白部長一律從寬免究之廣播後，向當局自首竟被捕槍決。（十一）軍隊以清鄉為名，向民家搜查，將財物取去復殺人滅口。」

　　3月20日，長官公署開始在全島各地展開所謂「清鄉」的行動，以連坐法的威脅，要求民眾交出武器和「惡人」。在「清鄉」的過程中，各地不斷有人被捕槍斃，且多未經公開審判。台灣到處充斥著冷冽的肅殺之氣。

　　總計二二八事件期間，總共死傷多少人，至今仍無精確的定論，不過，最常聽到的講法，死亡人數約在一萬至兩萬人。

　　二二八事件帶給台灣的，不只是家破人亡的悲劇而已，還為台灣往後的政治與社會，種下既深且鉅的影響：一方面，台灣人的性格受到嚴重的扭曲，過去一直在外來殖民統治下的台灣人，顯得更加卑屈自辱，處處都表現出不敢違抗統治者以求安全自保的奴隸性格；另一方面，台灣人民對政治產生恐懼、灰心、失望。這種對政治的恐懼感與冷漠感，有利於國民黨的一黨專政，不利於民主憲政的發展；再者，台灣社會領導階層架空，便利國民黨的統治。許多劫後餘生的社會菁英不願再與聞政治，地方政治體質改變，劣幣驅逐良幣，土豪劣紳、黑道流氓、地方政客，逐漸進入地方政壇；不過，許多避居海外的知識份子，在絕望之後，另謀他圖，開始從事台灣獨立運動。

【基本參考資料】
◆詳見李筱峰，《解讀二二八》，1998，台北，玉山社。
◆李筱峰，《二二八消失的台灣精英》，1990，台北，自立晚報。

59 海外台灣獨立運動的展開

二二八事件後，劫後餘生的知識分子在海外興起了台灣獨立運動。

名作家李喬在談到「二二八在台灣人精神史的意義」時說：「台灣人經二二八的洗禮，心痛惶惑之餘，精神領域中的『文化祖國』虛位化了，卻可能『創造』自己的文化認同；台灣人對於『國家』產生根本的迷惑了，然而卻也深化確定了『台灣意識』、『台灣人意識』，進而凝成動力—建造屬於自己的國家。」經過二二八事件「洗禮」的台灣人，是否真如李喬所說的已經凝成建造自己國家的動力，或有不同的解釋，不過，二二八事件之後，確實在海外展開了台灣獨立運動。

二二八事件引來一場大整肅，許多劫後餘生的知識份子亡命海外。這些亡命海外的知識份子，在國家的追尋上，分成兩個路線發展：有的人開始尋求台灣的獨立自主，先後在日本、美歐組成台灣獨立運動的團體；另外有少部分社會主義（或共產主義）者（如謝雪紅），則投入中國大陸，並於1949年之後，加入紅色中國的陣營。當然後者人數不多，且大多在文革中遭整肅，對台灣內部不構成影響；至於前者，隨著海外留學生的激增，而有相當持續的發展，最後與80年代台灣內部的民主運動互相呼應匯流，對台灣的政治演變，

廖文毅，背景的旗子是當時使用的台灣共和國國旗。

發揮了相當的影響力。

被稱為「海外台獨運動初期最著名的領導者」的廖文毅，於二二八事件之後，因遭通緝而亡命香港，1947年（民國36年）9月，他在香港九龍成立「台灣再解放聯盟」，當時的主張是，台灣先暫置於「聯合國託管理事會」之下，由聯合國託管，再由公民投票決定台灣該隸屬中國，或獨立。後來由於在香港活動不易，1950年2月廖文毅等人轉移到日本東京，並於1951年糾合吳振南等人在京都成立「台灣民主獨立黨」，標舉台灣獨立的旗幟。1955年9月和次年2月28日又先後在東京組織「台灣共和國臨時國民議會」及「台灣共和國臨時

政府」。從1959年到1961年之間，廖文毅數度赴瑞士、香港、菲律賓、美國等地，進行政治宣傳活動，他希望透過美國、日本的外交力量來支持台灣的獨立。但是由於廖的台灣共和國臨時政府創立之時，正值台灣國民黨政權的國際地位已經穩固，美日兩國均未便公開支持。

不過許多看破國民黨政權而流落海外的知識分子，紛紛投入廖的陣營中。他們當中，有部份人遭國民黨海外特務綁架強擄送回台灣處死。例如曾經協助印尼獨立的陳智雄，被派任台灣共和國臨時政府東南亞巡迴大使，他於1959年在東京被國民黨特務機關強擄送回台灣，那真是台灣版的「孫文倫敦蒙難記」，可惜他沒有孫文幸運。陳智雄後來於1962年被槍決。國民黨曾開出承諾他出任省府參議的條件利誘他，要他放棄台獨，否則以槍斃威脅，陳智雄不受利誘，選擇了後者。他被槍決前，大喊「台灣獨立萬歲！」這是二二八事件後第一位為台灣獨立運動犧牲的烈士。

60年代以後，在日本的台灣獨立運動組織逐漸分歧發展，1960年的2月28日，王育德在東京成立「台灣青年社」，許多當時的台灣留學生，如黃有仁（昭堂）、許世楷、金美齡等紛紛投入。後來辜寬敏應邀參加，並於1965年將之改組為「台灣青年獨立聯盟」；原初與廖文毅攜手的醫師吳振南，於1963年另組「台灣獨立評議會」；其他，還有左翼的團體如郭幸裕的「台灣建國委員會」、朱世紀的「台灣文化會」，史明則結合幾個團體於1967年4月成立「台灣獨立聯合會」，次年解散，再創

「獨立台灣會」。

1965年5月14日，廖文毅接受國民黨的遊說，放棄在日本的台獨運動，回到台灣。國民黨當局遊說他的條件是，如果他放棄台獨回來，不僅可以發還被查封的上億財產，可以與他闊別18年、雙目已經失明的老母相見，而且還會替他安排相當的地位；如果不願接受的話，就要將他刻正關在獄中已被判死刑的姪兒廖史豪，以及部下黃紀男立刻槍決，另外被判處徒刑12年的大嫂蔡繡鸞也不得出獄。

廖文毅返台後，在日本的台獨運動由郭泰成、林台元、廖明耀、辜寬敏等人繼續行動。但是1971年10月，廖明耀、簡文

這是廖文毅等人在日本創辦的台獨運動宣傳刊物。

介、施清香等人返台；72年春，又有邱永漢、辜寬敏相繼回來。台獨的大本營逐漸從日本轉移到美國。

　　台灣獨立運動隨著留學生的激增而擴展到美國、加拿大及歐洲。許多團體相繼出現，如「全美台灣獨立聯盟」、「歐洲台灣獨立聯盟」、「在加（加拿大）台灣人權委員會」等。進入70年代，分布在日本、美國、歐洲地區的部分台獨組織聯合組成全球性的「台灣獨立聯盟」（總部設於美國）。1979年台美斷交後，又有許多其他組織出現，這些團體組織，在海外發行刊物，鼓吹台灣獨立。並建立國際關係。

　　二二八事件之後在海外興起的台灣獨立運動，出現多種不同解釋的「台灣民族論」，不過他們的共同點是，有明顯對「在台大陸人」（俗稱「外省人」）的排斥，而獨立的對象，也以在台的國民黨政府為目標。1970年代中葉，獨立運動陣營開始接受「在台大陸系人」，而產生新的觀念，認為「不管出生何地，不管何時來台，凡是認同台灣的，都是台灣人。」黃昭堂將這種台灣人觀念命名為「無差別認同論」。

　　海外台獨運動的成員，有一個很大的特色，誠如政論家司馬文武說的：「幾乎是清一色的知識份子，幾乎全屬海外留學生知識份子」「全世界根本看不到這種幾乎每人都是碩士和博士的革命團體」。但是這群知識份子，全是被國民黨政權禁絕在外不得返鄉（除非被綁架回來）的「黑名單」。國民黨透過媒體、教育，辱罵他們是「叛亂」「暴徒」「漢奸」「別有用心」「共匪的同路人」……。不過歷史真是弔詭，當年罵人「共匪同路人」的人，後來卻與中共當局隔海唱和「一個中國」的論調，而且叫大家「不要刺激中共」，真是「共匪同路人」大家輪流做？

【基本參考資料】

◆李喬，《二二八在台灣人精神史的意義》，1999，台北，二二八紀念館。
◆陳銘城，《海外台獨運動四十年》，1992，台北，自立報系。
◆宋重陽，《台灣獨立運動私記》，1996，台北，前衛出版社。
◆李筱峰，〈自我放逐的「大統領」─廖文毅〉，收錄於張炎憲等編，《台灣近代名人誌》第1冊，1987，台北，自立晚報。
◆黃昭堂，〈戰後台灣獨立運動與台灣民族主義的發展〉，收錄於施正鋒編，《台灣民族主義》，台灣教授專刊2，1994，台北，前衛出版社。
◆陳佳宏，《海外台獨運動史》，1998，台北，前衛出版社。
◆Glaude Geoffroy，《台灣獨立運動》，1997，台北，前衛出版社，
◆李世傑，《大統領廖文毅投降始末》，1988，自由時代出版社。

60 幣制改革（發行新台幣）

1949年6月15日，台灣省政府實行幣制改革，發行「新台幣」，舊台幣4萬元折合新台幣1元。

終戰後，國民政府接收台灣，最重視的是遍佈全島的金融獨佔體系，尤其是擁有發券機能且兼國庫業務、同時控制著台灣經濟命脈的殖民地銀行—「台灣銀行」。新來的陳儀政府隨心所欲控制「台灣銀行」，壟斷銀行業務，濫發台幣，以供應官營企業及政府機關需求。由於屬行統制經濟，公營事業的無限擴大，遠超過日據時代之獨佔企業，加上官場貪污舞弊作風，以及外行領導內行，以致經營不善。許多公營企業不能自給再生產資金，不僅其擴充生產設備、購買原料、週轉等所需資金，均以銀行貸款是賴，對應繳盈餘，亦以貸款還款。龐大的官營企業貸款與政府貸款，都以要多少就增印多少的慣技來濫發鈔票而貸給，結果招致惡性通貨膨脹。通貨增發，刺激物價上漲，反過來又增加公營企業對資金之需要，此為終戰後台灣通貨膨脹之主要循環特徵。

二二八事件之後，雖然陳儀離開台灣，但惡性通貨膨脹不僅未見改善，反而變本加厲，因為此時中國大陸上國共內戰更加激烈，台灣的物資被強運到中國內地去接濟國民黨軍隊，而中國大陸上的經濟面臨崩潰，惡性通貨膨脹更甚於台灣，台灣也受其連累。台灣在終戰被中國「統一」（合併）後所付出的代價，由此又可見一斑。

經濟學家林鐘雄指出，造成戰後台灣惡性通貨膨脹的兩個主因都是外來的。一是，台灣銀行以省庫的角色，藉通貨發行增加來墊付中央政府的各項墊支款項；二是，台灣銀行係以法幣（後來改為金圓券）作為發行準備，且舊台幣與法幣之間採固定匯率，因而法幣及金圓券在大陸上之惡性通貨膨脹乃藉固定匯率而輸入台灣，轉變成舊台幣的惡性通貨膨脹。

所以，台灣自所謂「光復」後到1949年中，物價漲了7,000多倍。

總之，台灣當時的惡性通貨膨脹係與貨幣供給額高速增加同時存在。以舊台幣發行額來說，如自1945年8月起算，到1949年6月14日新台幣發行前的約46個月之間，增加了367倍。如以1946年5月20日台灣行政長官公署接收台灣銀行起算，到1949年6月14日前的37個月之間，增加了179倍，平均每月增加率達15%。

由於國民黨軍隊在中國大陸上節節敗退，從中國大陸來台的人數在短期間大量增加，物品需要額外增加亦非常明顯，尤

以1948年下半年趨於嚴重，因此更帶來連續性的大幅度物價水準上漲，正所謂「一日三市」。當時裝著一麻袋的台幣去買一碗麵的情形，絕非小說杜撰的情節。由於物價上漲過速，台幣供不應求，台灣銀行乃於1948年開始發行台灣人從未見過的「定額本票」，這種每張面額達5千、1萬、10萬的高額流通券，與舊台幣並行在市場上流通。1948年底，台幣發行額為1420億元，而本票發行額已達其54.9%，即780億元之巨。再經過半年後的1949年6月，本票發行額直線上升為1兆2100億元的天文數字，遠超過台幣的發行額。誠如史明所說的：「在這種通貨極端紊亂的局勢下，台灣人只有眼看著自己的血汗結晶被這些等於空紙的高額本票掠奪殆盡，自己卻急速陷入窮苦、飢餓、失業的深淵中。」

要抑制通貨惡性膨脹，必須先控制貨幣供給額的增加；要控制貨幣供給額的增加，則必須斷絕前述兩項外來的不利影響因素。1949年（民國38年）6月15日，台灣省政府實行幣制改革，公佈「新台幣發行辦法」。其內容包括：一、舊台幣4萬元折合新台幣1元，限於同年底前兌換新台幣；二、發行總額以2億元為度；三、新台幣以黃金、白銀、外匯及可換取外匯之物資十足準備；四、新台幣對外匯率以美金為準，即5元新台幣兌換1元美金。

經濟學者林鐘雄解釋說：「幣制改革以高價值新貨幣單位讓持有者產生惜用心理，藉降低貨幣流通速度而可產生穩定物價水準的作用。」新台幣發行後不久（約半年後），國民黨政權撤退進入台灣，台灣的整個經濟體系與中國完全一刀兩斷。幣制改革後的初期，貨幣供給額增加率固然仍偏高，但貨幣流通速度正下降中，搶購囤積情形已改善許多；日據時期所開發的農工產品也漸恢復活力。加以1950年下半年開始有美援物資來到，物價上漲率趨於下降，台灣才逐漸渡過那段台灣經濟史上黑暗昏灰的歲月。

【基本參考資料】
◆林鐘雄，《台灣經濟發展40年》，1987，台北，自立晚報。
◆林鐘雄，《台灣經濟經驗一百年》，1995，三通圖書公司。
◆史明，《台灣人四百年史》（漢文版），1980，美國聖荷西。

61 蔣政權流亡入台

1949年底，國共內戰激烈化，國民黨軍隊在中國大陸上全面潰敗，退入台灣。

二次大戰結束後約半年，中國國民黨與共產黨之間的軍事衝突又起。1948年（民國37年）末，經過遼陽、淮海、平津三大戰役之後，戰局轉趨共軍有利。腐敗的蔣介石政權，在經濟崩潰、民心漸失的環境中，節節敗退。1949年1月21日，總統蔣介石被逼引退下台（但仍暗中操縱政局），由副總統李宗仁代理，但大勢已去，難以挽回。共軍渡過長江後，佔領南京，國民黨政府由南京遷往廣州（2月1日），再由廣州遷往重慶（9月7日）。毛澤東於10月1日在北京主持中華人民共和國的開國大典，兩個月後，國民黨政權在大陸上全面潰敗，於12月7日播遷台灣。蔣介石則早在6

「引退」（實際是「隱而不退」）不久的蔣介石，到台灣後立刻復出，國民黨謂之「復行視事」。

月24日到台北，選定草山（後來被蔣介石改名陽明山）設立「總裁辦公室」（8月1日成立）。他並於翌年3月1日復職，繼續出任總統。

蔣政權流亡進入台灣，在台灣史上，是一件天大的事情。其重要性（產生的影響力），不下於當年鄭成功進入台灣。此事對台灣有何影響？

首先，國民黨政權在潰逃之前，其統治下的大陸經濟體系正迅速走向崩潰，台灣受其牽累，加劇台灣經濟的混亂。而隨著國民黨政權的潰敗，大批軍民陸續逃入

國民黨政權在大陸上全面潰敗，軍民大撤退到台灣

慶祝蔣介石「復行視事」兩週年的軍隊大遊行。（洪聰益提供）

殊不知台灣此時突然湧進這麼高比例人口所承受的經濟與社會壓力，豈是區區七十噸黃金所能紓解？

再者，在短期間移入台灣的大陸人，儼然成為一大族群，國民黨政府的各機關要職，便以大陸人為主導，位居要津。再加上眷區眷村等族群隔離政策的施行，使得自二二八事件以後，一時無法彌補的族群間的矛盾，延續相當長的時間才逐漸淡化。除了人口的壓力、族群的問題之外，對台灣產生結構性影響的，應該是政治性質的改變。

台灣，一時人口驟增，帶給台灣社會更大的壓力。終戰之初，台灣人口僅600多萬人，但從1946年到1952年的7年間，台灣共增加了約200萬人，其中僅1949年到1950年的大逃亡，就進入了軍民約100萬人之多。這些突然湧入的人口，又不是第一線生產線上的人口（雖然其中包括一些高級技術人員，但因當時台海兩岸工業結構不同，並不能馬上符合當時台灣產業結構的需要），因此台灣一時要承受的經濟壓力是不言可喻的，至於社會壓力更不在話下。人口開始大增的1948年和1949年，也是台灣通貨膨脹最嚴重的時期（參見本書第60節〈新台幣發行〉）。1949年6月台灣的物價指數，已是「光復」之初的7000多倍。令人難以忘懷的「四萬元換一元」的新台幣發行，也在此時開始。雖然有人很幼稚地說，當時蔣介石從中國大陸運了七十噸黃金到台灣，是往後台灣經濟發展的關鍵。

其實，隨著國民黨政權的敗逃台灣，1912年所建立的中華民國已經結束了。流亡來到台灣的蔣政權，雖然在台灣仍掛著「中華民國」名號，但其內容卻迥然不同。1912年開國時的中華民國，領土範圍是所謂的「秋海棠」，並沒有包括台灣；但1949年以後掛名叫做「中華民國」的，其統治範圍卻只有台灣，而沒有「秋海棠」，國號雖然相同，但範圍剛好顛倒過來。1912年建立的中華民國，在1949年結束後，原先的掌政者（蔣介石統治集團）拿著原先的「中華民國」名號，流亡到原本沒有參加中華民國建國的台灣，繼續維持其政權。原先代表範圍僅限於「秋海棠」（不包括台灣）的所謂「國旗」（沒有經過民主法定程序，純然由一黨制定，且黨國不分的「青天白日滿地紅旗」），在1949年之後卻只能拿到原本不在其代表範圍之內的台灣來插掛。

所謂的「國歌」（其實是中國國民黨黨歌），也是如此。至於，在「秋海棠」醞釀、專為「秋海棠」設計的「中華民國憲法」，現在也只能拿來原本沒有參加中華民國建國的台灣來修修補補。雖然有人說，台灣在1945年10月25日到1949年底之間，已經納入中華民國範圍。然而，此一時期的台灣，牽涉地位未定問題，不該僅憑表象思考（詳見本書第63節〈台灣地位未定論的提出〉）。

無怪乎，隔年（1950.3.13）蔣介石在陽明山莊演講〈復職的使命與目的〉時坦白說：「我們的中華民國到去年終就隨大陸淪陷而已滅亡了，我們今天都已成了亡國之民，……」

台灣的國家型態，自1949年底以後，竟出現這種世界罕見的型態。她的國旗、國歌、憲法，都是由外面一個已經結束的國家帶進來的。

這樣的國家型態，正如學者Ronald Weitzer所謂的「遷佔者政權」（Settler State）。根據Ronald Weitzer在其所著《遷佔者國家的轉型》（Transforming Settler State, Communal Conflict and Security in Northen Ireland and Zimbabwe）一書中指出：「『遷佔者國家』是『由支配原始居民的新移民所建立的國家』，遷佔者所建立起的政治系統，對於原來遷出的母國，或是實際上，或是法理上，均已經獨立；這個系統的目的是為了保有遷佔者的政治優勢地位。」遷佔者國家和傳統殖民國家的不同之一，在於遷佔者已經自母國分離，不得不作長久停留的打算。自1949年底以後，國民黨政權撤出其原鄉母土，播遷入台，建立其

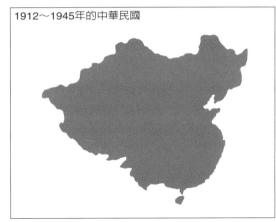

1912～1945年的中華民國

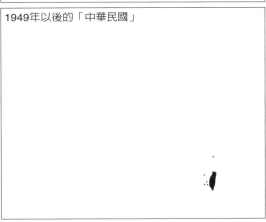

1949年以後的「中華民國」

上圖是1912年到1945年的中華民國，其中並不包括台灣。（至於蒙古、西藏等地並不完全在掌控之下，姑且不論）；下圖是1949年以後至今掛名「中華民國」的領域。兩圖對照，同樣叫做「中華民國」，但是範圍幾乎完全不同。這是世界上絕無僅有的怪現象。

統治地位，應該完全符合「遷佔者政權」的意義。學者黃昭堂則喻為「沒有母國的殖民王朝」。

不論是所謂的「沒有母國的殖民王朝」，或是所謂的「遷佔者政權」，國民黨政府在台灣設計的國家架構，是以全中國為標準。儘管國民黨政府早已退出中國母土，但在國家認同上，卻仍以其母土作為認同的指標。他們宣稱有朝一日會「中興

這是50年代南部一所小學的教師在校園中合影。背後大幅的蔣介石畫像，以及一些較小幅的民族英雄人物畫像，說明著「個人英雄崇拜」及「中國化」教育是當時學校教育的特色。

復國」，因此他們編寫中國古代封建時期的故事「田單復國」「少康中興」，來「教育」台灣人，要他們「毋忘在莒」。整套教育內容，及價值體系，是以大中國為座標來思考，完全沒有台灣的主體性；灌輸人民對其故國山河的感情，以及對領袖的效忠，而不是對台灣歷史的了解，當然也沒有現代國家意識的培養。雖然帶入一部規定有自由、民權內容的憲法，可是卻以「動員戡亂」的名目，凍結憲法有關自由、民權的內容。在其「戡亂體制」下，蔣介石權力甚大，國會則不需改選，由大陸來台的第一屆民意代表繼續充當立委、監委及國大，一切等「反攻大陸」之後再說。在外交上，則採取「漢賊不兩立」的傳統刻板教條。總之，蔣介石流亡入台後，是一個「一黨專政」與「個人獨裁」的政治體制，在蔣介石主政的26年間，台灣人為了成就蔣介石的「反攻復國」的政治迷思，在內

政、外交、社會等多方面，犧牲不少人力，消耗不少物力，蹉跎不少時光，今天許多問題的癥結也種因於此。

最後還值得一提的是，蔣政權移入台灣之後，使得台灣與中國之間又分隔開來。經過五十年的日本統治，台灣與中國之間已有相當的差異，而戰後四年之間，又有二二八事件的衝突，雙方未及充分交流，蔣政權就匆匆流亡入台，台灣與中國之間，至今一隔又半世紀以上。從歷史背景來看，海峽雙方發展成兩個國家的局面，套句柳宗元的話─「勢也，非聖人之意也」。

【基本參考資料】

◆ 黃昭堂，〈台灣人的反殖民與 NATIONALISM 的發展〉，《百年來的台灣》研討會論文，1995年1月7日，台北市，台灣研究基金會。

◆楊聰榮，《文化建構與國民認同：戰後台灣的中國化》，1992.7，新竹，清華大學社會人類學研究所碩士論文。

◆ 李筱峰，〈中華民國還繼續存在著嗎？〉，載《自由時報》，1999.1.18「自由廣場」。

◆張茂桂，〈羅那維惹著《遷佔者國家的轉型》評介〉，載《國家政策雙週刊》63期，1993.6.29，台北。

62 土地改革

1949年中，國民黨政權在大陸上搖搖欲墜之時，趕緊在台灣推動三七五減租的措施，退入台灣後，繼續進行公地放領、耕者有其田政策。

在進行幣制改革、發行新台幣的當時，有一項重要的政策也開始進行，那就是做爲土地改革第一階段的「三七五減租」運動，正大刀闊斧地開始推動。其後一連串土地改革政策的進行，在台灣的經濟史和政治史上，都有著相當特殊的意義。

在進行土改之前，台灣的土地問題有什麼癥結？台灣總面積35,961平方公里，耕地面積（依1948年的統計）是816.228公頃，佔總面積23%。當時人口680萬人，農業人口3,779,652人，佔總人口55.5%。耕地中有44%由佃農承耕，而佃農及半佃農之人口爲2,484,750人，佔農業人口的57.5%。此眾多依賴土地維生的人口，均無土地或土地不足，人口眾多而耕地少，明顯有土地分配利用失調的現象。另外，當時租佃制度非常惡劣，佃權極不安定，且租額過高。佃權之所以不安定，是因爲租佃的成立多爲口頭契約，且租期多屬不定，地主常因個人利益任意撤佃，使得佃農生活朝不保夕。由於佃權不穩，佃農競爭激烈，愈使地主隨時有撤佃加租的機會。根據調查，1948年（民國37年），佃農租量佔該年收穫量平均爲56.8%，新竹一帶佃租甚至高達70%，租額負荷之重，可以想見。此外

陳誠在1949年初接任台灣省主席之職，開始推動土地改革。

由於大地主土地過多，及地區分散關係，往往將土地包租給若干「地頭」，以避免管理上之困難；「地頭」再將土地轉佃耕者，因而形成中間剝削。另外更有押租金及預付地租等額外苛索，每使佃農無力繳付，只得求諸高利貸。佃農及僱農掙扎於這種土地制度下，已經不只是土地經濟問題，而是一個社會政治問題，若不解決，社會安定將面臨危機。

當時，國民政府在大陸上面臨共產革命，國共內戰正激烈進行中，而中共正以「土地改革者」的姿態贏得廣大農民的支持。國民黨政府已從南京撤守，遷往廣

「透早就出門，...不驚田水冷酸酸。」50年代台灣農村一景。引自Horace Bristol "Formosa—A Report in Pictures"

州，在節節敗退之下，台灣是他們即將可能退守的目的地，因此，若不在台灣積極進行土地改革，爭取農民支持，恐怕人心向背，無法抵抗中共的宣傳攻勢。基於此，在1949年初，陳誠繼魏道明接掌台灣省政之後，台灣的土地改革已到了勢在必

行的時刻。

台灣此次的土地改革，分三大步驟實施，第一階段是1949年的4月至7月之間推行三七五減租；其次是1951年實施公地放領；第三是1953年實施「耕者有其田」（有人說這是台灣第一次土改，其實不然。在

耕地租佃委員會幫忙調解業佃糾紛。引自Horace Bristol "Formosa—A Report in Pictures"

此之前，台灣史上有兩次土改，一次是清末劉銘傳辦理清賦事業，失敗；第二次是日據台灣初期，廢除大租戶，完成初步土改）。國民黨政府自詡這次的土地改革是成功的，它不僅解決了許多佃農的痛苦，緩和社會的壓力，而且使過去的土地資本轉換成工商資本，有助於台灣日後的工商發展。而在土地改革中喪失土地的地主，因獲得政府四大國營事業（台泥、台紙、農林、工礦四大公司）的股票，有不少人成功地轉變成企業者，如林柏壽、辜振甫等。

對於這次土改的成果，國民黨政府經常膽諸報端，編入教材，大肆吹噓，卻不禁讓人思考，國民黨在台灣實行土地改革，既然可以如此順利進行，為何在大陸上卻不好好實行，以致讓中共有機可乘打擊國民黨政府呢？為何國民黨的土改，在大陸上無法成功，來台灣卻能推動得起來

呢？理由當然很多，不過其中有一個重要因素是，因為國民黨政府在大陸時，統治階級與地主階級是重疊的，自己要改革自己，會失去許多既得利益，談何容易？但在台灣，做為統治階層的國民黨政府是外來的，而地主階級則是本地的，改革起來當然就得心應手了。

我們如果揆諸當時推動三七五減租運動時的周遭氣氛，就可以了解為什麼這次的改革運動幾乎是在毫無抵制的情況下進行。有一位參加三七五減租工作的基層幹部說：「這次三七五地租推行順利的原因，是省方決定把阻擾三七五的案件移歸軍法去辦。」三七五減租推動的當時，當局為表明實行決心所形成的「威權氣氛」（Authoritarian

陳誠握有軍政大權，以威權手法推行土地改革，地主們有鑑於二二八事件殷鑑不遠，紛紛遵照規定辦理。（中央社提供）

atmosphere），確實有助於政策的推行。我們試佐以當時的治安措施來觀察：5月1日，台省舉行全省戶口總檢，全省被拘捕者1500人；5月20日，台灣全省戒嚴，戒嚴期間，擾亂治安者處死刑；5月24日為配合戒嚴法，公佈出境登記辦法；5月27日警備總部根據戒嚴令，制定「防止非法的集會、結社、遊行、請願、罷課、罷工、罷市、罷業等規定實施辦法」「新聞、雜誌、圖書的管理辦法」。此時正逢三七五減租進行換約階段，雷屬風行的諸項治安措施，絕對有助於政策的推行。那個時候，當局在台北槍斃了一名肇禍的司機，地主們心理恐慌，紛紛遵照規定換約。尤其當時握有軍政大權的省主席陳誠，召集地方首長和士紳公開談話說：「三七五減租工作一定要確實施行，我相信困難是有的，刁皮搗蛋不要臉的人也許有，但是我相信，不要命的人總不會有。」陳誠把話說得如此露骨，地主們能不「深明大義」趕緊與佃農簽約嗎？更何況兩年前二二八的血腥記憶仍新，一些知識份子和社會精英的下場，殷鑑不遠。

我們終於了解，國民黨在大陸上喊了三十幾年卻推動不了的土地改革，來到台灣之後馬上就可以順利推動的道理。進一步，我們更可以發現，土地改革的積極推動，不僅讓國民黨在農村贏得美名，在經濟發展上有所助益，而且在政治上更有利於統治，因為這次的土改，在政治上發揮了另外一種效用。土改以前，台灣鄉村的政治權力及社會領導大都操在少數鄉紳地主手中，他們都是仰給於地租的地主階級，他們特殊的地位與權力的源泉也是來自土地，自然容易成為地方領袖。經由土地改革使地主失去了權力基礎，退入台灣的國民黨政權無形中減少反對勢力的潛在來源，影響台灣地方政治的權力結構。這是繼二二八事件有計畫消除台灣社會精英之後，以另一形式、不著痕跡將台灣民間的組織動員力量再度瓦解。這樣的土改，真是一魚多吃。

【基本參考資料】
◆李筱峰，《台灣戰後初期的民意代表》，1986，台北，自立晚報出版部。
◆《台灣土地改革論叢》，1963，經濟部工礦計畫聯繫組非洲及拉丁美洲資料中心編印。
◆楊照，〈沈澱發酵的歷史記憶〉，1992.11.3-4，自立晚報。
◆許極燉，《台灣近代發展史》，1996，台北，前衛出版社。
◆彭懷恩，《台灣政治變遷》，1987，台北，自立晚報出版部。

63 台灣地位未定論的提出

1950年6月25日，韓戰爆發，兩天後，美國總統杜魯門下令第七艦隊巡邏台海，並發表有關台灣地位問題。

1949年下半年，正是國民黨政府在大陸上軍事情勢大逆轉之際，8月5日，美國國務院發表「對華白皮書」，準備不再支持這個腐敗的政權。不久，國民黨政府全面潰敗，逃入台灣，國際地位幾乎跌入谷底。就在國民黨政府退入台灣的半年後，1950年（民國39年）6月25日，韓戰爆發。北韓在蘇聯的支持下，大舉進攻南韓。以美國為首的所謂「自由世界」，和共產集團對抗之勢形成，政局丕變，美國重新考慮支持台灣的國民黨政府以對抗中共。為了避免戰局複雜化，美國總統杜魯門於韓戰爆發的兩天後下令第七艦隊巡邏台海，執

韓戰爆發後，巡邏公海的美軍第七艦隊船隻。（劉峰松提供）

行「中立化」任務，並發表聲明，其中謂：「……台灣若落入共產主義者手中，將直接影響到太平洋區域的安全。……台灣將來的地位，必須等到太平洋的安全恢復，及對日本的和平條約成立後，或者聯合國予以考慮，才能確定。」此即所謂「台灣地位未定論」之由來。此一立論的主要目的，在防止中華人民共和國繼承中華民國而擁有台灣主權。

到底戰後台灣的地位是否真的未定？過去許多人談起戰後台灣的歸屬問題，總習慣以「開羅宣言」及「波茨坦宣言」為根據。其然乎？豈其然乎？

日本投降時，雖表明接受波茨坦宣言

杜魯門提出台灣地位未定的看法。

1945年10月25日，「中國戰區台灣省受降典禮」在台北公會堂(今中山堂)舉行。「中國戰區」所指為聯合國盟軍的中國戰區，這是就軍事意義而言。從這張照片也可以窺知，所謂「台灣光復」其實是暫時的軍事接管。

無條件投降，且波茨坦宣言中關於台灣的部份為第八項：「開羅宣言之條款必須實施，而日本之主權必將限於本州、北海道、九州、四國及吾人所決定其他小島之內。」這些都是事實，但是，日本接受波茨坦宣言而投降，是指接受其無條件投降的要求，但不表示就此確定戰後的領土轉承歸屬問題。因為，不論波茨坦宣言或是開羅宣言，都只是戰爭中的意願表述或對話，僅屬盟國方面的要求或立場聲明，而不是具有國際法效力的國際條約，不發生

領土的轉承歸屬的效力。領土的轉承歸屬，須待當事的雙方所簽訂的國際條約（如對日和約）才能算數。再說，即使1943年底的開羅會議中蔣介石提出「台灣、澎湖歸還中華民國」的要求，但開羅宣言最後並無正式簽字（沈建德教授對此問題已多所論述，不贅）。

日本終戰的投降，不是向中華民國投降，而是向聯合國盟軍投降，聯合國最高統帥麥克阿瑟將軍再命令「在中國（東三省除外）、台灣與越南北緯16度以北地區之日本全部陸海空軍應向中國戰區最高統帥蔣介石將軍投降」。所謂中國戰區，並不等於中華民國領土，而是聯合國盟軍的中國戰區，這是就軍事意義而言的。台灣就在這種情況下，由蔣介石派員接管，實際上算是一次暫時的軍事接管。如若不信，我們可以看看1945年10月25日陳儀在台北公會堂（今中山堂）接受日本投降時，禮堂大門前寫的是「中國戰區台灣省受降典禮」等字樣，而非「中華民國台灣省受降典禮」。雖然當時號稱「台灣光復」，但就其實質，是一次過渡時期的軍事暫時接管。台澎的領土歸屬，必須與日本正式訂定和平條約，明定領土的歸屬才能確定。

弔詭的是，中華民國還來不及和日本完成正式簽訂和約的手續，就被中共推翻，國民黨政府扛著「中華民國」的名號，逃退到地位有待國際條約來確定的台灣，原來的中華民國領土幾乎全部喪失（只剩金門、馬祖、一江山、大陳等小

島）。無怪乎，隔年（1950年3月13日）蔣介石在陽明山莊演講〈復職的使命與目的〉時也坦白說：「我們的中華民國到去年（1949）終就隨大陸淪陷而已滅亡了，我們今天都已成了亡國之民，……」已經滅亡的中華民國，其主權當然由繼起的中華人民共和國繼承（這也是為什麼1997年香港會歸還給北京的中華人民共和國，而不是交還給台北的「中華民國」）。因此，如果將台澎地位解釋為依波茨坦宣言，中華民國擁有台灣主權，則繼承中華民國的中華人民共和國勢必擁有台灣主權。

所以，「台灣地位未定論」的提出，使得臺澎的歸屬問題，不讓北京的中華人民共和國得以插手。果然，翌年，1951年9月8日在舊金山締結的對日和約中，48國代表簽署對日和約，其中第二條規定：「日本應放棄對台灣及澎湖群島的權利、權限及請求權」（11.18日本國會批准生效）。此和約中沒有說明，日本放棄台澎之後將之交給誰承接。當然這是根據杜魯門聲明所作的巧妙安排，使得北京政府得不到國際法上的權利義務來接管台灣。

在舊金山對日和約的48國當中，並沒有包括「中華民國」，因為此時的中華民國政府，已經逃離了原來中華民國建國以來的絕大部分國境，而正流亡在地位未定的台澎。台澎並非與日本作戰的地區或國家，而是戰時日本的領土，因此台澎不可能產生一個統治政府來參與交戰雙方的和約問題。日本在舊金山和約中正式放棄台澎之後，才在翌年（1952）4月派代表來台北，與流亡在台灣的中華民國政府簽訂「日華和平條約」。在條約中，日方仍未表明領土的歸屬。不過在規定條約適用範圍的第一號照會中，雙方言明「本約各條款關於中華民國之一方，應適用於現在中華民國政府控制下或將來在其控制下之全部領土。」

以上雖是當時「台灣地位未定論」的歷史背景，然事隔五十多年，流亡在台灣的國民黨政府統治台灣近達50年，已是既成事實，加以九〇年代以降，台灣民主轉型，擁有民選的國會、民選的總統，擁有自己的貨幣、自己的海關，地位應該已經確定，主權也應清楚才對。台灣不是中華人民共和國的一省，她最好能正名為「台灣」，如果硬要稱為「中華民國」，這個同名的「中華民國」（只有台灣，而無大陸），與原來的中華民國（只有大陸，而無台灣），是截然不同的。

【基本參考資料】
◆彭明敏、黃昭堂著，蔡秋雄譯，《台灣在國際法上的地位》，1995，台北，玉山社。
◆沈建德，《法理獨立》，1998，屏東，著者印行。
◆沈建德，《台灣史——你感知影一個芋也蕃薯》，1992，屏東，著者印行。
◆戴天昭著，李明峻譯，《台灣國際政治史》，1996，台北，前衛出版社。
◆姚嘉文，《台灣美麗島——主權》（關懷系列之三），1989，台北，《關懷》雜誌社出版。
◆Cabell Phillips著，李宜培譯，《杜魯門總統任內錄》，1970，香港九龍，今日世界出版社。

64 戒嚴與白色恐怖政治

1949年5月20日起，台灣進入戒嚴時期，配合著「動員戡亂」體制，白色恐怖的陰霾，籠罩台灣。

從朝鮮半島燃起戰火的五〇年代初期起，到中南半島上越戰方興未艾的六〇年代止，國際政治的兩極對立，凸顯台灣戰略地位（對美國而言）的重要。在美國的大力撐腰下，蔣介石政權的「反共抗俄」政策順理成章地進行，也自有其一套延續政權的「政治謎思」（Political myth）。這套政治謎思，有其合理化的情節：蔣氏以民族命脈之所繫自況，然其政權被中共推翻，而中共在建黨及建國的過程中，得力於蘇聯俄共甚多，因此，中共便順理成章成為「甘做蘇俄帝國主義之鷹犬」的「漢奸」。因此，為了國家民族，為了解救同胞，就必須「效忠領袖，消滅共匪，打倒

鼓勵民眾檢舉「匪諜」的傳單。

俄寇」。總之，蔣政權退守台灣的前十幾年間，這套加諸台灣人民的「反共抗俄」的政治神話，是以蔣介石的個人英雄主義，與國家主義、民族主義互為表裡。「反共抗俄」的政治神話，既然是蔣介石維護其政權的理論基礎，便不容許懷疑和挑戰。如果有誰敢質疑這個神聖的「反共抗俄」基本國策，便是「匪諜」或是「為匪宣

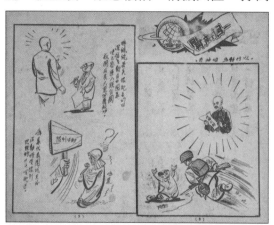

蔣政權「反共抗俄」時代的政治宣傳品。

傳」。為了國家民族，全民必須檢舉匪諜，肅清匪諜。

歷史上任何一個惶惑不安的政權，必然採取高壓手段來整肅其心目中的異議份子，以收殺雞儆猴、震懾人心之效。蔣介石為了在台灣建立穩固的統治，透過兩套互為表裡、相輔相成的法制來進行，即「戒嚴法」及「動員戡亂時期臨時條款」。

1949年（民國38年）5月19日，國民黨政權還在大陸上處於兵荒馬亂之際，台灣並無戰事和動亂，但陳誠卻在台灣頒布戒嚴令。戒嚴令頒布的半年後，國民黨政府敗退來台，戒嚴繼續實施。實施戒嚴，即是軍事統治，依據戒嚴法，台灣警備總司令部有權力限制人民自由民權，可以掌管戒嚴地區行政事務及司法事務。因此，憲法所規定的人民的基本自由人權，如集會、結社、言論、出版、講學等各項自由受到嚴格限制，因此有黨禁、報禁、出國旅行禁等項。戒嚴延續了38年之久（直到1987年蔣經國才解嚴），成為世界上實施最久的戒嚴令。

「動員戡亂時期臨時條款」公佈於1948年5月9日，當時蔣政權還在南京，距離行憲不到5個月，就透過這個「動員戡亂時期憲法臨時條款」，凍結了憲法的部份條文；當初最主要的作用，是在擴充總統的權力。蔣介石撤退來台後，在「動員戡亂」的「臨時」體制下，不僅過去在大陸上的許多法律制度成規，一成不變搬到台灣來硬套，而且許多冠上「動員戡亂時期」的嚴峻惡法也紛紛出籠，成為整肅異己的工具。其中最恐怖的，例如「動員戡亂時期檢肅匪諜條例」（1950.6.13公佈），「匪諜」

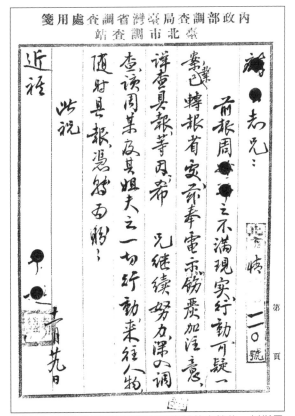

這是戒嚴時代調查局內部某情治單位主管的一封指示函。（洪聰益先生提供）

在50年代的軍事戒嚴統治下，連聽收音機都要執照。

「通匪」「知匪不報」的大帽子都在裡面；還有「懲治叛亂條例」（1950.4.26公佈），根據這個條例，連罷工、罷課都有可能成為「叛亂」。這些怵目驚心的律令隨時可以用來伺候異議份子。

戒嚴軍事統治與動員戡亂體制，必須透過嚴密的情治特務系統來推行。1949年所成立的「政治行動委員會」，成為肅清在台共黨（外加政治異己）的機構。1950年起，蔣介石開始從情報、治安系統著手，橫跨黨、政、軍各方面，為長男蔣經國佈置適當的基礎。五○年代中期，成立了國家安全局，統攝各情報機關（如警備總部、調查局、情報局）。

這些如蜘蛛網般的特務系統，我們不能說對國家安全、社會安定一無是處，但是他們也確實發揮了「白色恐怖」的作用，成為典型的「特務政治」。在「肅清匪諜」的理由下，進行整肅異己、翦除異議份子的行動。許多人因為政治見解不同，或者只因為說了一句當局不中聽的話，或寫一篇批評時政的文章，便被羅織入罪，惹來殺身之禍，甚至有些人因為擁有家產而成為特務人員敲詐勒索的對象，以致家破人亡。根據親北京政權的一份台灣刊物《遠望》雜誌（25期，1989.12，台北）的透露，從1949年的四六事件，到1960年9月4日的雷震案，10年之間，台灣一共發生了上百件的政治案件，約有2,000人遭處決，8,000人被判重刑。其中除了不到900人是真正共產黨員（地下黨員）之外，其餘9,000多人是冤案、錯案、假案的犧牲者。又根據立委謝聰敏的調查，自五○年代起，至1987年解嚴止，台灣出現了29,000

多件的政治獄，有14萬人受難，其中3,000-4,000人遭處決。在五○年代裡，台北火車站前的佈告牌上經常公佈著一堆名單，上面用紅筆打鉤做記號，這是告訴大家，這些名單是最近因「叛亂」而遭槍決的人。

綜觀在白色恐怖下的政治案件，概可分為以下幾種性質：

一、對親中共的左翼運動的打擊。例如，1949年6月的鹿窟事件；同年發生鍾浩東等人的基隆中學案；同年底爆發的「台灣省工作委員會」蔡孝乾案……等。

二、對台灣獨立運動及主張者的整肅。例如，1950年5月黃紀男、廖史豪等人的台獨案、1961年的陳智雄案、1962年的「台灣共和國傳單事件」……等。

三、整肅對山地原住民自治運動，如樂信瓦旦（林瑞昌）、吾雍雅達烏猶卡那（高一生）、湯守仁等山地菁英的遇害。

四、對民主運動的壓制。例如製造雷

慘死於蔣政權白色恐怖下的鄒族菁英高一生(右)與湯守仁。

火燒島一景，右前方為將軍岩。美麗的火燒島，雖然改了一個更美麗的名字「綠島」，卻成為醜陋的白色恐怖中專門監禁政治犯的地方。早期囚犯死後皆被丟入遠方牛頭形山崖下方，屍骨無存，多少青春歲月，多少家庭幸福，都葬送於此。過去此處禁止拍照。（莊萬壽教授攝影‧提供）

震案，使籌組中的反對黨胎死腹中。

五、政治權力的鬥爭。例如製造孫立人案，解除了孫立人的兵權。

六、情治特務單位之間的鬥爭。例如李世傑案等。

七、文字獄。如柏楊、李敖等許多作家的下獄。

八、情治特務人員為了爭功領獎製造的冤案假案。這類案件多不勝舉。

這些層出不窮、罄竹難

惡名昭彰的火燒島監獄。（莊萬壽教授攝影‧提供）

贖身有女吟　柏楊　作於1967年二月四日

情報局內，忽聞有女語聲，作人皆互相談說，时称她是某代此室盧感市有詩。

憶君初來時，屋角正鐘陽。
忽聽窗前响，蕓蕓地走傳徨。
望日間聞語，云嬌養怙青。
君或已成孀，兒女哭爹娘。
今日君裏鬢，來日悲更蒼。
欲幸祝福意，忍見腸尚傷。
君床是侭重，苦竟是爹娘。
願君示獄日，依然旧苍苍。
重响是歸來，逹声震心房。
勃响是撺訊，细究过去帝。
之役便最然，鳴有鉄鎖响。
君似志肺疾，咳嗽日裡楊。
日暖还可忍，退晚最懐凉。
暗室寒魂搖，一噉一断腸。
我本不識君，今此亦不望。
唯当時君眥，永字繫君衰。
同病復相憐，人海兩忙忙。
我亦因此文，君事因何殃。
君或未字嫁，眼淚遠爹娘。

作家柏楊獄中手稿。1967年，柏楊先生隔壁囚室中關有一名因白色恐怖而被捕的台灣新生報女記者沈嫄嬸，原望寫此詩鼓勵她支持下去，無奈她仍上吊自殺身亡，其夫亦仍繫獄。

像孫立人這樣高素質的軍人，也難逃白色恐怖的整肅。

【基本參考資料】

◆林樹枝，《出土政治冤案》，1992.8，著者出版。

◆林樹枝，《良心犯的血淚史》，1989.11，著者出版。

◆黃紀男，《黃紀男泣血夢迴錄》，1991，台北，獨家出版社。

◆藍博洲，《幌馬車之歌》1991，台北，時報文化出版公司。

◆孫家麒，《蔣經國建立台灣特務系統秘辛》（未註出版項）。

◆《台灣地區戒嚴時期50年代政治案件史料彙編》，1998，台灣省文獻委員會編印。

◆施明雄，《台灣人受難史》，1998，台北，前衛出版社。

◆魏廷朝，《台灣人權報告書》，1997，台北，文英堂出版社。

書的白色恐怖案件，是戒嚴統治與戡亂體制下的產物。台灣在經歷了二二八事件之後，不但沒有一點足堪療傷止痛的轉機，反而因為緊接而來的白色恐怖政治，使得政治氣氛更加陰霾不開，直到蔣經國主政的末期，政治風氣才逐漸開朗，但多少人的青春歲月、家庭幸福、生命財產，已經換不回來了。至於被消除殆盡的菁英份子的一流頭腦，更是台灣社會永遠無法彌補的損失。

65 美援來了

1951年起，美國開始對台灣提供經、軍援助。在15年間，總共提供台灣將近15億美元的援助，強化了國府在台的統治實力。

1950年6月韓戰爆發後，美國所主導的反共圍堵陣線必須在東亞建立更鞏固的防線，台灣的戰略地位在美國的心目中因此提昇。所以，韓戰一爆發，美國立刻主動對台灣提供衣食物資，以協助台灣因局勢演變而增加的經濟負擔。翌年，1951年（民國40年），美國國會通過共同安全法案，開始對台灣提供各種經濟援助。直到1965年6月美國終止對台援助爲止，15年間總共提供台灣將近15億美元的援助，平均每年約爲1億美元。具體而言，美援到達金額約佔1951年到1960年台灣進口金額的40%，佔同一期間台灣投資毛額的38%，也佔當時台灣國民生產毛額的6%。而1951年到1965年的美援期間，台灣總財政赤字是11億美元，換句話說，近達15億的美援，彌補了台灣這期間的財政赤字。於此可知，在50年代台灣仍相當貧窮的情況下，美援實在發揮了舉足輕重的影響。

美國經濟援助直接增加當時的物資供給，得以平抑物價上漲的潛在壓力。同時由於美援物資售價收入所產生的新台幣美援相對基金存款，也有抑制貨幣供給額增加的作用，間接促進物價水準的安定。所以，1950年代台灣得以維持相對物價的穩

駐台的美軍顧問團。

定，美援是其中重要因素之一。

再者，美援對台灣往後的經濟發展也有相當影響。依當時政府財力，很難迅速重建或擴張有關電力、通訊、道路、港口等經濟發展的基礎建設。在整個50年代，電力固定資本形成毛額中，美援金額就佔了一半，交通運輸固定資本形成毛額中，美援金額也佔了4成，對基本設施建設的幫助很大。此外，美國經濟援助創造了重要的科技移轉的機會，並支持50年代初期的進口替代政策。

由於有美援的適時來到，台灣在50、60年代雖然是在白色恐怖的政治陰影之下，不過經濟發展卻逐漸有了轉機。經歷

領導「經濟安定委員會」的尹仲容，負責統籌美援物資的分派、運用。

1950年前後的「土改」之後，台灣的經濟與社會進入新的階段。1949年5月成立「台灣生產委員會」，主要任務在穩定物價。1951年3月，在美國協助下發展成「經濟安定委員會」，由上海財團出身的尹仲容領導。經濟學者林鐘雄說：「由於當時的經濟安定委員會（以及行政院美援運用委員會）在美國經濟援助資源之分派上有極大的影響力，故多少能透過資源分派，直接決定主要基本設施建設及新台幣資金運用方向，而間接影響主要財經措施的制定與執行，對當時台灣的經濟發展的影響至深且鉅。」

以上的敘述，是從「美援貢獻論」的觀點，對美援有助於台灣的經濟發展予正面的肯定。然而，有些學者則斥之爲「美援神話」，而有另一面的解釋。例如文馨瑩以「美援依賴」爲核心概念，分析美援做爲一股外來力量，如何對台灣的國際軍經角色與國內政經結構產生影響。她認爲台灣的美援依賴，以軍事模式爲主軸，美國並非以發展台灣經濟爲援台的首要目標。美援鞏固國民黨政府在台的統治、強化美國對台控制，至少在1950年代，國民政府在軍備、預算、人事、財經計畫上，無一不靠吃美援的奶水而生存、壯大。美國和國民黨政府均藉美援的運用吸取更多軍經利益，並藉以掌握更大的控制權力。美國從未利用援助促使國府解除戒嚴等對自由人權的箝制，也未促成改選中央民意代表等民主參政的擴大。相對地，透過化解軍事危機、塡補財政赤字、提供控制資源、提高行政效能等方式，強化國府在台的統治實力。此外，美援亦居中促使美資和公營事業的技術及投資合作，並開創了美資在台灣重要的活動空間。

不論對美援作何種解釋與評價，1950年代的台灣人民的生活，確實有了改變。1953年，「經濟安定委員會」所推動的第一個四年經濟建設計劃展開，開始致力於經濟的發展。此時工業發展的主要目標，以供應國內市場爲主，以取代進口，減少外匯支出，重點工業爲紡織、食品加工、合板、肥料等。在經歷50年代的兩次四年經建計劃之後，若干工業產品已足夠滿足國內市場需要，且漸有剩餘。

走過那個年代的台灣人應該還記得，在那10年間，台灣人在衣食方面有相當大的改善。曾經穿著印有握手圖樣、寫有「中美合作」（應該叫「台美合作」）字樣的麵粉袋所裁做衣褲的日子，日漸遠去。

【基本參考資料】
◆林鐘雄，《台灣經濟發展40年》，1987，台北，自立晚報出版部。
◆趙既昌，《美援的運用》，1985，台北，聯經出版社。
◆文馨瑩，《經濟奇蹟的背後—台灣美援經驗的政經分析》，1990，台北，自立報系出版部。

66 《自由中國》雜誌創刊

1949年底，雷震、胡適等人創刊《自由中國》雜誌，這份刊物成為50年代台灣民主運動的主流機關刊物。

1949年（民國38年），國民黨政府在國共內戰中情勢逆轉，輾轉播遷多處。在剩下半壁江山的危局中，一部分國民黨人和社會上層的自由主義者—雷震、胡適、王世杰、杭立武等人，有感於思想鬥爭的重要，認為要從理智上建立反共信念，非有一個宣傳民主自由的言論機關不可，於是

乃倡議創辦《自由中國》雜誌。尤其，在美國發表《對華關係白皮書》，準備放棄蔣政權，處於外交失勢之下，這份宣揚民主自由的反共刊物—《自由中國》，對於政府國際形象的改善，或有正面的功能。所以，在籌備期間，雷震曾赴浙江奉化訪見下野中的蔣介石，並獲蔣的首肯，答應設法資助。他們原先預定在上海出刊這份刊物，以為可以影響共產黨統治下的人心，不料長江的天險被中共的金條打通了，中共勢力渡江南下，國府節節敗退，最後撤退入台。《自由中國》也因此在台北創刊，時間是1949年11月20日。

然而，隨著韓戰的爆發、美國對中共採取圍堵政策、第七艦隊協防台海、美援的恢復、「中美共同防禦條約」及「中日和約」的簽訂……等等國際局勢的變化，情勢逐漸有利於台灣的蔣政權。由於台灣政局漸趨穩定，《自由中國》雜誌的存在，對於政府而言，其意義就不顯得那般直接而急切了。隨著台灣內部政治、經濟的變化（包括黨化政策），這份抱持民主自由理想、以反共起家的知識分子刊物，漸漸將論政方向從原本對中共、蘇俄的批判，轉移到對台灣內部問題的反省檢討。

《自由中國》雜誌的「祝壽專號」。

1951年6月出刊的4卷11期《自由中國》，發表社論〈政府不可誘民入罪〉，針對政府金融管制引起的一宗情治人員貪污案件加以抨擊，首次遭到黨政軍三方面的壓力。1955年1月的《自由中國》刊登一篇名為〈搶救教育危機〉的讀者投書，指責救國團破壞學校正常體制，另外一篇討論國民黨黨紀的投書，終於使得出身國民黨核心的雷震，遭國民黨開除黨籍。

自此，《自由中國》的言論層次節節升高，到了1956年10月31日以後，更邁進一個新的階段。1956年10月31日是蔣介石總統的70歲大壽，蔣氏向全國表示「婉辭祝壽、提示問題，虛懷納言」之意，於是《自由中國》推出「祝壽專號」，請胡適、徐復觀、毛子水、徐道鄰、陳啟天、陶百川、蔣勻田、夏道平、雷震等多名知識分子，分別為文對蔣總統及國民黨提出檢討和建言。例如，胡適發表〈述艾森豪總統的兩個故事給蔣總統祝壽〉，要蔣氏試試「無智、無能、無為」六字訣，意思希望他不要太專斷；徐復觀寫〈我所了解的蔣總統的一面〉一文，以人格心理來分析蔣氏的性格；雷震發表〈謹獻對於國防制度之意見〉，強調軍隊要超出黨派關係之外。這一期（第15卷第9期）雜誌出刊後，銷路大增，印至七版，連續發行數月。但是由於「祝壽專號」甘冒大不韙，引起國民黨及軍方刊物有計畫的批判，攻擊《自由中國》「思想走私，為共匪統戰鋪路」。國防部總政戰部還特別印行一本《向毒素思想總攻擊》的小冊子，在軍中分發。國防部所指責的所謂「毒素思想」包括有：主張言論自由、軍隊國家化、建立自由教育，及批

雷震攝於自由中國社總社前。

評總統個人。

《自由中國》自從推出「祝壽專號」之後，對時政的批評愈來愈激烈，針針深入現實政治的問題核心，從1957、58年間7個月之內，進一步推出連續15篇的「今日問題」系列社論：

緒論〈是什麼，就說什麼〉一文，執筆者是台大哲學系教授殷海光，在文中，對於打著「國家利益」「基本國策」「非常時期」「緊急事態」「非國即共」的理由，背後卻是「政黨即政府」「政府即國家」的觀念，提出批判。

第二篇社論〈反攻大陸問題〉，執筆者也是殷海光教授，他依「公算」來分析，認為在短期內能反攻大陸的「公算」不大，因此不要凡事都以「等反攻大陸之後再做」為藉口。

第三篇以後的社論，依序是〈我們的軍事〉、〈我們的財政〉、〈我們的經濟〉、〈美援運用問題〉、〈小地盤大機構〉、〈我

風骨嶙峋的台大哲學教授殷海光，是《自由中國》雜誌的靈魂人物，許多社論是出自他的手筆。

1958年11月，《自由中國》九週年紀念時合影，中排右四為胡適，後排右四為雷震，後排右二為殷海光，前排左二為傅正。

國大陸來台知識分子，介入、研究本地的政治發展問題，意義非比尋常。此時的《自由中國》知識分子們對台灣各方面問題已建立整體性的觀點，亦即由人事、政策層面，轉入結構及社區認同等層面。

到1959、1960年間的「修憲問題」、「政黨承認問題」，言論節節昇高，步步踏觸執政當局的禁忌，也遭來一次又一次的圍剿。其中有關「修憲問題」，正當各方在醞釀修憲或修改臨時條款，以便讓蔣介石能夠繼續連任總統之際，《自由中國》卻大唱反調，反對蔣介石破壞憲政常軌而連任，從歷史毀譽、憲政精神、團結反共的前途，多方闡述反對意見，完全不理會「群臣勸進」的中國官場文化，在國民大會集會的前夕，仍忠言逆耳提出〈敬向蔣總統作一最後的忠告〉的社論。但《自由中國》維護憲政精神的努力，終究沒有如願。1960年3月21日，蔣氏終於在為他新增訂的第3條臨時條款護送下，突破憲法限制連任的規定，順利當上第3任總統。而這群孤臣孽子的悲劇，似乎也註定要發生了。

們的中央政制〉、〈我們的地方政制〉、〈今天的立法院〉、〈我們的新聞自由〉、〈青年反共救國團問題〉、〈我們的教育問題〉、〈近年的政治理想與作風〉，最後以〈反對黨問題〉做為這一系列社論的結束。

經過一系列討論，《自由中國》不僅已深入檢討中央政治，構想改造的藍圖，而且對台灣地方政治也開始表示關懷。中

《自由中國》雜誌原先是一群中國大陸來台的自由主義知識分子的結合，他們純屬書生論政，又格於方言，因此沒有群眾基礎。但是他們提倡民主自由的理念，以及敢於對時政痛下鍼砭的言論，對於當時

台灣的部分本土精英——那些曾經直接或間接接受過日據時代民權運動洗禮、曾經在終戰後熱切期待參與「祖國」政治、而卻在二二八事件後對政治感到失望的本地知識分子——而言，是相當具有共鳴作用的。因此，《自由中國》的知識分子們，與台灣本土部分社會領導菁英的結合，也就水到而渠成了。

雷震爲主的《自由中國》雜誌的知識分子，如何與台灣本土菁英結合？最後有何下場？讓我們在本書第70節〈反對黨的組黨運動與雷震案〉中，再來敘述。

【基本參考資料】
◆李筱峰，《台灣民主運動40年》，1987，台北，自立晚報出版部。
◆薛化元，〈《自由中國》民主憲政史料的歷史意義〉，載《台灣史料研究》第8號，1996年8月，台北。
◆魏誠，《自由中國半月刊內容演變與政治主張》，1984，政大新聞研究所碩士論文。
◆傅正，〈《自由中國》的時代意義〉，1990年9月7日，澄社「紀念雷震案三十週年學術研討會」論文。

67 罷免李宗仁・撤職吳國楨

1954年3月中，台灣政壇上有兩件大事接連發生，一件是3月10日，國民大會罷免代理總統職位的副總統李宗仁；一週之後，蔣介石下令對台灣省政府主席吳國楨撤職查辦。

李宗仁，1890年生，中國廣西桂林人。畢業於廣西陸軍小學，參加過同盟會，為桂系軍人首腦。1924年（民國13年）擔任國民革命軍第七軍（有「飛軍」之稱）軍長、第三路軍總指揮，在「北伐」戰役中頗有表現。1928年任南京政府軍事參議院院長。1929年參與倒蔣（蔣介石）行動

代理總統之職的李宗仁，因不願聽從蔣介石擺佈，驟然離職赴美，卻得背負「顛覆政府，危害國家」之罵名。（中央社提供）

失敗。1937年起歷任第五路軍總司令等，1943年起歷任漢中行營、北平行轅主任。中國對日抗戰中的台兒莊大捷，出於他的組織領導。李宗仁與蔣介石的關係時分時合，1948年4月，他參選副總統，打敗蔣介石所屬意的孫科，當選中華民國副總統。1949年國共內戰激烈化，1月21日，蔣介石因多方逼迫而下野，由李宗仁代理總統，但是蔣介石仍是國民黨總裁，因此坐鎮奉化溪口，仍以總裁之尊，裁決國政，暗中佈署，指揮政局，李宗仁代總統還得聽命於蔣總裁。同年6月下旬，蔣介石已在台北草山（陽明山）籌設「總裁辦公室」，準備退入台灣的後路。是年年底，大陸戰況逆轉，國民政府遷台，李宗仁以就醫理由赴美，沒有來台灣。

翌年（1950年）3月1日，蔣介石在台北復職。1952年1月11日監察院以李宗仁「遽離國土……不顧輿論指責與各方勸阻，棄職遠走，希圖自全」，對李宗仁提出彈劾，指責李宗仁在美國發表有關「合作政府」之議是在「顛覆政府，危害國家」。1954年（民國43年）3月10日，「國民大會」議決監察院彈劾案，並通過罷免李宗仁副總統職。

到底李宗仁為什麼滯留美國不到台灣來？李宗仁後來在他的回憶錄中，說明了他的理由：「台灣是蔣先生青一色的天下，他掌握了生殺予奪的絕對權力。」「在這種局面下，我如貿然回台，則無異自投羅網，任其擺佈，蔣的第一著必然是迫我『勸進』，等他『復正大位』之後，我將來的命運如何，就很難逆料了。以蔣先生過去對我銜恨之深，我一旦失去自由，恐欲求為張漢卿（學良）第二也不可得了。」李宗仁的擔心是否過慮？我們如果看看1年多後，名將孫立人被蔣介石軟禁的下場，或許可以想見李宗仁不僅不是杞人憂天，簡直有先見之明。只是，留在美國的李宗仁，雖能躲過一劫，但他必須承受蔣政權掌控的媒體、教育與所謂「歷史家」給他的「顛覆政府，危害國家」的罵名。畢竟，「真理」與歷史解釋權，永遠與掌權者同在。

李宗仁被罷免的一週之後，出走在美國的台灣省政府主席吳國楨，也被蔣介石下令撤職查辦。

吳國楨，1903年生，中國湖北建始人，1921年清華大學畢業，留學美國，曾在Grinnell學院與從台灣去留學的陳炘結識。1926年獲普林斯頓大學博士學位。自1928年起，歷任國民政府外交部秘書、湖北煙酒稅務局長、蔣介石侍從室秘書、湖北省財政廳長、漢口市長（1932）、重慶市長（1939）、外交部政務次長（1942）、國民黨中央宣傳部長（1945）、上海特別市長等職。1949年到台灣後，任「總裁辦公室」設計委員。蔣政權退守台灣之初，國際聲望跌入谷底，為了拉攏美國，蔣介石特別

吳國楨僅是蔣介石的民主樣板，一旦失去利用價值，只有棄之如敝屣。（中央社提供）

排出留美的吳國楨，繼陳誠之後擔任台灣省政府主席，兼保安司令。吳國楨於1949年12月21日上任台灣省政府主席之後，延攬多位台灣人入府，在新任命名單中，5位廳長有3位台籍人士，23位省府委員中有17名台籍人士（可惜其中林瑞昌、林日高、李友邦等人都在白色恐怖中遭到槍決的命運）。

這位有「民主先生」之譽的吳國楨，之所以能當上台灣省主席，完全是蔣介石做給美國人看的民主櫥窗，以便贏回正準備放棄蔣政權的美國人的心。韓戰爆發後，蔣政權又重獲美國支持，他有恃無恐，吳國楨的利用價值也相對減少。蔣介石為了培養兒子蔣經國的政治勢力，吳國楨的地位開始動搖。吳國楨了解自己的處境，於1953年3月以健康欠佳理由，呈請辭職，赴美國芝加哥。4月10日國民黨中常會和行政院會議通過決議，其辭職照准。但同年11月，國府開始指責吳國楨「套匯美金」「攜資外逃」，吳國楨雖極力澄清，要

求當局闢謠，卻得不到答覆，只好在台北報紙刊登聲明啓事，要求政府各界還他清白。2月16日，吳國楨在芝加哥召開記者會說明滯美未歸的理由，其中說到「與政府有關當局爭論的政治情況未變」、「爲了爭取自由國家的支持，必須在台灣實行民主政治，可是有些人士認爲對共產主義作戰，必須採取共產主義方法」、「目前統治台灣的政府過於專斷」。吳國楨把話講明了，大有破釜沈舟之慨。蔣政權當局立刻予以還擊，立法院長張道藩提出質詢指責吳國楨「言論狂妄、破壞國家形象」。2月27日，吳國楨直接致函國民大會，指出國民黨政府的內政缺失及改進之道，有關內政的缺失包括：一黨專政；黨內組織仿效共產黨的所謂「民主集權制」；軍隊中有黨組織及政治部；特務橫行，干涉選舉，逮捕人民，威脅敲詐，人權無保障；言論不自由，思想受控制……等，並指出青年反共救國團之成立，實係模仿希特勒及共產黨之青年團。吳國楨也要求採取改革措施，其中包括制定政黨法，保障反對黨的成立，促使軍隊國家化……等。他更嚴屬質問：「國際變幻，時不我與，又何以苟安偏隅，閉門稱王？」吳國楨所指陳的內容，完全切中蔣政權的要害，如果我們對照一下那個時代由雷震主辦，也正在諤諤直言的《自由中國》的內容，與吳國楨的直言不諱，正可互相印證。

吳國楨的直言不諱，引起國民黨統治當局的強烈反應。立法院長張道藩召開記者會痛斥吳國楨「非法亂紀」。國民大會裁決不受理吳國楨函送事實，全體「國大代表」一致言辭痛斥吳國楨，要求對他嚴屬

制裁。3月17日，蔣介石總統發布命令，指責吳國楨「背叛國家，汙蔑政府，妄圖分化國家，離間人民與政府關係，予以撤職查辦」。

吳國楨以省主席之尊，在如日中天之際，突然在政壇上跌落，政治觀察者認爲，這是蔣介石爲兒子蔣經國的政治前途所做的「掃除路障」的必然行動。有一首揶揄蔣經國的詩這樣寫著：「擠掉吳國楨，虛掛張岳軍（張群），提拔嚴和謝（嚴家淦與謝東閔），太子一定尊」。是耶？非耶？留給後人論說。

吳國楨此後一直留滯美國，從事教育與著述工作，著有英文版的《中國文化史》。1984年6月病逝美國。

李宗仁、吳國楨等人雖離開蔣政權陣營，流亡海外，但總因此而倖免於難，比起許多在蔣政權之下被鬥爭的親信或異己，他們還算是幸運的。從他們的身上，可以看出蔣介石法西斯政權的權威本質。

【基本參考資料】
◆李宗仁口述，唐德剛撰寫，《李宗仁回憶錄》，1986，香港，南粵出版社。
◆汪榮祖、李敖合著，《蔣介石評傳（下）》，1995，台北，商周文化。
◆黃卓群口述，劉永昌整理，《吳國楨傳》，1995，台北，自由時報。
◆葉明、旭晨等，《台灣十大政治要案》，1994，北京，中央黨校出版社。
◆蔡省三、曹雲霞，《蔣經國系史話》，1988，香港，利通圖書公司。

68 劉自然案引爆民眾攻擊美使館

1957年5月24日，台北群眾因不滿美國駐台軍事法庭無罪開釋槍殺華人劉自然的美軍雷諾，群集美國大使館前，搗毀門窗器物，並撕毀美國國旗，造成暴動事件。

　　1957年（民國46年）3月20日夜11時，一名任職陽明山「革命實踐研究院」的大陸籍職員劉自然，在駐台美軍上士雷諾的住宅門前遭雷諾槍殺，身中兩槍斃命。兩個月後，雷諾被美軍軍事法庭判決無罪開釋。

　　雷諾在偵查過程中表示，劉自然攀伏在雷諾家浴室窗外偷窺雷諾太太洗澡。經雷諾太太發現驚叫，雷諾取出手槍走出家門巡視，發現劉自然手持鐵棍（雷諾後來又說成木棍）向他走來。雷諾於驚恐中為了「自衛」，才向劉自然開槍。

　　但是，根據香港的報紙報導，據劉自然的友人稱，劉與雷諾原本有交情，絕非不識，劉曾為雷諾賣過毒品。劉知道美軍軍紀，如果販賣毒品就立即遣送回國，劉於是在交易中藉機「吃過」雷諾，雷諾因此萌生殺機。如此說來，這是一樁「黑吃黑」的兇殺案件。

　　當晚，警察以雷諾是現行犯，理當扣押，但是當時美方憲兵阻止，理由是駐台美軍享有外交豁免權。按1951年台灣開始接受美援，美軍顧問團在台灣成立時，台美雙方就簽訂有協議，所有駐台美軍及其家屬視同大使館之一部份，享有外交豁免權。5月23日美國軍事法庭陪審團投票表決，結果是殺人罪嫌証據不足，應予宣告無罪。雷諾並於當日被遣送回美國。

　　翌日（5月24日），台灣各大報紙紛紛刊出文章，指責判決不公。劉自然的妻子奧特華也在報上發表〈我向社會哭訴〉一文。台北地方法院也作出結論指出，雷諾的殺人不具備「正當防衛」條件。

　　5月24日上午10時許，劉妻奧特華由表兄馮允生陪同，手持書寫有「殺人者無罪？我控訴！我抗議！」的抗議牌，在北門的美國大使館門前抗議。圍觀群眾越來

劉自然的妻子奧特華在美國大使館前出示抗議牌。圖右上角為殺人的美軍雷諾。

（上）憤怒的民眾將美使館內的汽車翻
倒。
（左）群眾搗毀美使館門窗。

美使館前被丟出的文件、家具，七零八落。

檔案櫃。更有幾名義憤填膺的青年，衝向美國國旗豎立的地方，把美國的星條旗扯下來！事情真的鬧大了。

在中山堂前的美國新聞處，也遭到十幾名民眾攻擊破壞。由於風聞有人遭警察逮捕，因此部分民眾湧向警察局理論，警察擬用消防車驅散民眾，於是民眾毆打消防人員，對警車縱火，消防車、吉普車數輛遭燬。

這場暴動，最後由台北市衛戍部隊大量開入鎮壓，將使館前和警局前的民眾強行驅散。台北衛戍司令部下達戒嚴令。

美國大使藍欽於25日向外交部提出最強硬的抗議。外交部長葉公超代表政府向藍欽致歉，並同意賠償一切損失。國民黨政府駐美大使董顯光向美國國務院提交正式道歉照會。26日，蔣介石會見藍欽，親自向藍欽陪禮道歉。

越多，下午1點半，約聚集2000人，不滿的民眾開始向大使館丟擲石頭。約下午2點20分，使館外群眾增加到6000多人，在場憲警無法維持秩序。群眾中有人高喊「殺人償命」「美國人滾出台灣」「打倒帝國主義」的口號，伴隨著口號，群眾手中的石頭、磚塊、木棍，紛紛飛向大使館。有數十名民眾翻牆而入，搗毀汽車、門窗、家具、

事後，滋事分子有40人被起訴，後來7人被處6個月到1年不等的有期徒刑。

這次示威行動，隱約似乎有幕後推動者或是催化者。有人就推測，蔣經國可能是事件的幕後策劃人。當時群眾中有一批已經換上便服的成功中學學生，由教官帶領而來示威，若無人撐腰，身為教官絕不敢派學生去砸美國大使館。尤其成功中學是國民黨的貴冑子弟最多的學校，蔣孝文、蔣孝武都讀這所學校，該校校長潘振球是蔣經國的心腹，也是救國團的主要負責幹部。再者，事件前，中國廣播公司大肆將奧特華的哭訴廣播全島，聯合報對於案件的調查與審判，反應也最為強烈。按中廣的總經理魏景蒙、聯合報的王惕吾，分別是蔣經國的密友和親信，所以，蔣經國被聯想為事件的幕後策動者。然而蔣經國為何要策動反美行動呢？論者認為，早在美國人初到台灣時，他們所執行和扶植台灣親美自由派人士的方針，就引起蔣經國的不悅，蔣曾經下令三軍官員禁止和美國顧問接近。事發第二天，蔣經國於高層會議中，也發言表示民眾的怒吼是正義的，不應追究。

不管幕後真正是何人策動，我們可以發現，事件的爆發有一股強烈的民族主義的動力。尤其左翼人士最津津樂道的是，這是一次「抗美反暴」的行動。

民族意識在事件中的激盪，應該無庸否認，當時參加抗議行動的，大部分是青年學生，正是受國民黨的民族主義教育的一群。許曹德正是當時衝進大使館將美國國旗扯下來的青年學生之一，他後來在回憶錄中，形容這股民族主義的烈火，「正好燒到國民黨一天到晚宣揚灌輸的民族主義乾草堆，我們正是國民黨宣傳機器及教育機器大好烘乾機烘乾下的一批新乾草。」這堆中國民族主義大乾草焚燒過後，卻讓許曹德的思想受到刺激而產生懷疑。許曹德回憶事後的心情說：

「（攻擊使館後的）第二天，報紙翻開一看，五‧二四事件突然變成國內外大新聞，美國政府強烈抗議，報紙口氣忽然一轉，開始譴責暴民，蔣介石驚慌之餘，立刻發表道歉、賠款、懲兇聲明。昨天落單的部分民眾被抓了一批，做懲兇的替死鬼。我看完報紙，心中突由疑惑轉不滿，由不滿轉懷疑，這一懷疑要到大學才獲得清楚解答，而懷疑的破解埋下了我思想巨變的種子，了解政治現象絕非普通人天真的想法所能理解。我們這些被烘乾的政治乾草，要燒要熄，原來另有政治力宛如賭徒一般在運作。」

當年這位中華民族主義乾草堆中的熱血青年，日後開始脫胎換骨，走上台灣獨立運動的道路。

【基本參考資料】
◆錦繡出版社編輯部，《台灣全記錄》，1990，台北，錦繡出版社。
◆葉明主編，《台灣十大政治要案》，1994，中國北京，中共中央黨校出版社。
◆許曹德，《許曹德回憶錄》，1990，台北，前衛出版社

69 八二三炮戰

1958年8月23日，中共砲轟金門，二小時內落彈四萬餘發。炮戰持續了44天，雙方死傷慘重。中共發動這次炮戰的用意在哪裡呢？

要了解八二三炮戰，必先追溯自韓戰以來「國、共、美」三角關係的歷史背景。

1950年（民國39年）6月25日韓戰爆發，美國民主黨籍的總統杜魯門於兩天後發表「台灣地位未定論」的談話，爲了避免戰局複雜化，杜魯門下令第七艦隊巡邏台海，執行「中立化」任務，一方面防止中共攻打台灣，同時也防止蔣政權反攻大陸。毛澤東則發動「抗美援朝」，與美國更形尖銳對立。

1953年起，共和黨籍的艾森豪擊敗杜魯門繼任美國總統之後，放棄杜魯門的「圍堵政策」，而改採「反擊政策」。艾森豪在1953年2月2日向國會提出的國情咨文中表示：「我下令第七艦隊不再做共產中國的後盾。我方的此一命令絕不包藏侵略性的意圖。要言之，我們毫無保護韓戰中與吾等對戰之人民的任何義務。」這個聲明，即是解除台灣的中立化，也就是「放任」蔣介石自由爲之，默許蔣介石軍隊進攻中國本土，這個聲明主要用意在以蔣介石軍隊來牽制中共。5個多月後（7月27日），韓戰停戰協定簽字。

然而，艾森豪解除台灣中立化的政策，並不是眞的要鼓勵蔣介石發動反攻大陸戰爭，相反的，艾森豪擔心，美國給予國府的武器，若是用來對中國作戰，會有將美國捲入戰爭的危險性。

50年代初，國民黨的軍隊還在作突擊登陸的訓練。引自Horace Bristol "Formosa—A Report in Pictures"

為了避免被蔣介石的反攻大陸戰爭拖累捲入中國的內戰，所以艾森豪的長期目標，是使國民黨政府不再反攻大陸，將台灣自中國隔離，將國府軍隊自中國大陸沿海諸島撤退，以達成「兩個中國」或「一中一台」。固執「漢賊不兩立」觀念的蔣介石當然沒有這種想法，但蔣介石亟須美國的協防。尤其在1954年初，東南亞公約組織（SEATO，成員包括美、英、法、澳、紐、菲、泰、巴基斯坦等8國）粗具雛形，但各國並不歡迎台灣的「中華民國」加入，迫使國府加緊與美國訂定雙邊共同防禦條約。美國向國府表示，只有在國府承諾不發動大規模軍事行動的條件下，美國才有可能考慮締約。

就在東南亞公約醞釀成立之際，1954年5月到8月之間，國府空軍曾數次在中國大陸沿海攻擊中共軍艦，而北京當局也大肆放話要「解放台灣」，目的之一是迫使想參加東南亞防禦條約的國家反對台灣加入。8月1日，周恩來發表「解放台灣宣言」，33天後，也就是在馬尼拉會議（東南亞公約組成大會）的5天前（9月3日），毛澤東下令中共軍隊向金門、馬祖展開大規模的砲擊。12月2日，美國國務卿杜勒斯與國府外交部長葉公超終於在華盛頓簽訂「中美共同防禦條約」。締約前，雙方先發表聲明，稱該約屬「防禦性質」，不含攻擊大陸之作用。該約本文規定，「締約國所有『領土』等詞就中華民國而言，應指台灣與澎湖」，很明顯，美國將中國大陸與台灣分開看待，而且防衛範圍並不包括金門、馬祖等外島。

「中美共同防禦條約」簽字的1個多月後，1955年1月20日，中共發動軍事行動攻佔大陸沿海仍有國府守軍的一江山島。一江山守軍全軍覆沒，附近的大陳島隨即備受威脅。1月24日艾森豪向美國會提出特別咨文，要求授權於必要時派美國部隊協防台灣澎湖及有關地區，後獲國會（參眾兩院）通過，此即「台灣決議案」。但美國的「台灣決議案」並不表示美國願意協助防守大陳島，反而建議國府自大陳島撤軍。2月5日，在美國第七艦隊的協助下，大陳島駐軍撤入金門、馬祖，該島民眾14,000人全部「志願」來台。2月25日，國府軍又從舟山群島撤軍，只剩金門、馬祖。美國繼續壓迫國府自金、馬撤軍，但蔣介石沒有再接受。

駐有重兵的金門、馬祖的存在，勢必成為「國、共、美三角關係」的測試站與著力點。

1958年（民國47年）8月23日，中共又再度對金門、馬祖砲擊，這次攻擊的規模，比起1954年的9‧3砲擊更大，兩小時內落彈4萬餘發。八‧二三砲戰就此爆發。砲戰持續44天，44天當中，40多平方公里的金門，遭砲擊44萬發。

砲戰爆發後，美國總統艾森豪下令將地中海第六艦隊調一半艦隻到台灣海峽，與第七艦隊會合，加上從本國和菲律賓調來的，美軍在台灣海峽就有航空母艦7艘、重巡洋艦3艘、驅逐艦40艘。不過，美國雖然將兵力移近台灣，但仍小心翼翼避免直接參戰或與中共軍隊發生正面衝突。美國提供的是物資與武器的資助，以及補給線上的護航。而毛澤東也下令只打蔣軍，不打美軍，力求避免與美國發生直接衝突（9

大陳島撤軍。（中央社提供）

月，中共與美國在華沙恢復大使級會談，同意情況不宜複雜化）。

9月30日，美國務卿表示國府繼續駐紮金、馬是不智的，主張自金、馬撤軍，但不為蔣介石接受，蔣發表聲明抗議。美國一直擔心會被「國共內戰」拖入戰爭的深淵，但是蔣介石卻想把美國拖入戰爭以獲得更多助力。實際上，美國提供的武器，讓國府軍在炮戰中發揮相當的作用，尤其是當時的響尾蛇飛彈，讓國府的空軍在空戰中頗有成績。在9月8、18及24日的空戰中，中共的米格17被國民黨軍擊落22架。

10月6日，中華人民共和國國防部長彭德懷宣布停止砲擊，為期7日，並建議和平談判解決。7日後，又延兩週。直到10月20日，恢復砲擊。

10月23日，艾森豪與蔣介石雙方妥協，發表聯合公報，蔣答應放棄使用武力反攻大陸，美國則承認在當前情勢下，金、馬與台澎防衛上有密切關聯。這個解釋，突破雙方共同防禦條約的防禦範圍。兩天後，彭德懷發表〈再告台灣同胞書〉，表示「中國人的事只能由我們中國人自己解決。一時難以解決，可以從長商議」，並

宣布單日打炮，雙日不打。此後，金門炮戰形成彼此之間隔日對打的局面，而且，不打陣地和居民區，多打在海邊，後來改打宣傳彈。

有人認為，毛澤東不拿下金門、馬祖，其中的一個重要原因是使之成為一種不在談判桌上進行的談判，留下一個「對話」的渠道。也有人認為，毛澤東後來決定讓蔣佔有金、馬，是為了對付美國的「兩個中國」的設計。根據「中美共同防禦協定」，美國原先只協防台灣、澎湖，而不協防金、馬，此與「台灣地位未定論」及「兩個中國」的主張有關，讓「中華民國」領有金、馬，將使「未定論」出現破綻。據說毛曾說：「金、馬像是台灣伸出兩隻手與祖國相連。」中國政客最會耍嘴皮，打與不打，都有理由，真耶？非耶？不得而知。在獨夫的句型裡，只有虛幻的「祖國」，而無真正的人民。

毛既然不拿下金、馬，為何攻打金、馬呢？中國的學者稱：「目的是試探所謂台、美共同防禦條約的效力究竟有多大？美軍在台灣海峽的介入究竟到什麼程度？經過這次較量，把美帝國主義的底全摸清楚了。所謂台、美共同防禦條約也是有一定限度的，只要涉及美國自身的利益，要冒和我軍發生直接衝突的危險，他就不幹了。這完全與當時台灣海峽微妙的三角形勢有關，蔣介石千方百計想把美國拖入中國內戰，而我們則力求避免同美帝發生直接衝突，美帝也極力避免同我們發生直接衝突，這就是三方利害關係中的內幕。」

姑且不論這樣的論述是否屬實，身為台灣人，我們看到的是，在兩個帝國主義與一個外來政權的三角關係下，台灣人民的生命、自由與尊嚴，是何等的不值錢。

【基本參考資料】
◆戴天昭著，李明峻譯，《台灣國際政治史》，1996，台北，前衛出版社。
◆許介鱗，《台灣史記》，1996，台北，文英堂出版社。
◆高文閣，《台灣與大陸風雲四十年》，1991，中國長春，吉林文史出版社
◆山本勳，《中台關係史》，1999，日本東京，藤原書店。。

70 雷震案爆發‧組黨行動失敗

1960年6月，雷震等人結合台灣本土政治菁英著手籌組新的反對黨，9月4日，國民黨統治當局逮捕雷震等人，爆發震驚海內外的雷震案，籌組中的反對黨胎死腹中。

1960年（民國49年）6月間，一個新的反對黨—「中國民主黨」正開始醞釀。這個籌組中的反對黨，主要是由兩股力量的結合形成。其一是以雷震為首的《自由中國》雜誌的部分自由主義知識分子（詳見本書第66節〈自由中國創刊〉）；另外是從地方選舉中崛起的台灣本地政治人物和社會菁英。這兩股力量的結合，是透過《自由中國》雜誌和台灣地方選舉為媒介。

1957年4月下旬——《自由中國》出刊「祝壽專號」的約半年後——台灣舉行第3屆縣市長及省議員的選舉。第二次競選彰化縣長的石錫勳（日據時代台灣文化協會理事）、郭發（日據時代《台灣民報》老記者）和王燈岸（日據時代文化抗日分子），三人計畫在選舉前夕籌組「黨外候選人聯誼會」，研究選務，並仿日據時代的文化巡迴演講舉辦民眾座談會。經70高齡的郭發奔波聯絡結果，中部地區的候選人首先相會，共推彰化縣長候選人石錫勳、台中縣市長候選人楊基振、台中市長候選人何春木三人為發起人。是年4月11日，終於在台中召開第三屆臨時省議會及各縣市長候選人關於選務改進的座談會，提出五項議案，同時共推民社黨和青年黨為本建議案向政府交涉的代表。會中並決議，本屆選

左起李萬居、郭雨新、許世賢、郭國基、吳三連、李源棧，五位男性被譽為「省議會五虎將」，加上許世賢，合稱為「省議會的五龍一鳳」。

舉完後，由李萬居負責盡速召開一個選舉檢討座談會。該次選舉，台中市的郭國基、台南縣吳三連、高雄市李源棧、宜蘭縣郭雨新、雲林縣李萬居、嘉義縣許世賢當選省議員。這便是後來「省議會五虎將」及「五龍一鳳」稱號的由來。

5月18日，全省各地前來的無黨籍和民、青兩黨候選人齊集台北市蓬萊閣，召開選舉檢討會。《自由中國》的雷震亦參加這次會議，並發表演說。這次的選舉檢討會，決議由李萬居、石錫勳等與會的78人為發起人，籌備設立「中國地方自治研究會」，曾兩度向政府當局提出申請，但未獲准成立。當時《自由中國》在選前出刊的16卷7期（4月1日）曾刊登朱伴耘的〈反對黨！反對黨！反對黨！〉等文章，而胡適也於5月間返台，於5月27日在《自由中國》社發表「從爭取言論自由談到反對黨」的演講，呼籲結合知識分子與民主人士組織新的政黨。因此，「中國地方自治研究會」的申請遭到批駁，或許是因為這種結社被認為是在為組織新政黨鋪路亦未可知。不過這種聯想並非錯誤，歷史的發展告訴我們，組黨運動確實是循著選舉的改進座談會而進行下去的。

前述的第3屆地方選舉起，《自由中國》雜誌便開始對地方自治、地方選舉的問題大加討論。而本書前述（第66節）的「今日的問題」一系列社論，也自是年6月起陸續發表，有系統地全面檢討當時台灣的政治、經濟、教育、軍事、新聞等問題，而以「反對黨」問題作為終結，認為「反對黨是解決一切問題關鍵之所在」。《自由中國》積極推動反對黨運動，與青年

黨的機關報《民主潮》和李萬居的《公論報》互相呼應。「中國地方自治研究會」雖未能合法成立，但全島的無黨派人士深覺在野力量有保持的必要，便以「民主人士聯誼會」的名稱相聯繫，到了1960年的地方選舉來臨時，又改稱「選舉改進座談會」，作全島性大規模的組合。

1960年又逢地方選舉，是年2月選舉前夕，李萬居、郭雨新、高玉樹、吳三連、許世賢、楊金虎等人，召開了一次選舉問題座談會，雷震和青年黨領袖夏濤聲、民社黨主席蔣勻田都出席參加。地方選舉後的5月18日，無黨籍人士和雷震及民、青兩黨人士共72人，在台北市民社黨總部召開「在野黨及無黨無派人士本屆地方選舉檢討會」，會中激烈批評選舉舞弊。郭國基在會中慷慨陳詞，「希望把民青兩黨整個全部解散，和台灣一般民主人士共同來組織一個強有力的在野黨，發揮民主的力量。」與會人員原來無立刻組黨之念，經郭國基的一席話的刺激，大家遂激動地計畫要籌組一個新的政黨。當天會議作成四點決議，包括即日起組織「地方選舉改進座談會」，並在各地設立分會。這一組織的成立，配合幾年來《自由中國》雜誌對組織新黨的鼓吹與呼籲，使得組黨運動進入緊鑼密鼓的新階段，一連串的活動也就密集展開；從以下接二連三的活動，可以窺知組黨運動的積極態勢。6月15日，選舉改進座談會發表一千餘字的聲明，宣佈：1.選舉改進座談會正式成立，在不分省籍、不分黨派的原則下，遴選55個委員；2.團結海內外民主反共人士，並與民青兩黨協商，立即籌組一個新的政黨，為真正的反

雷震，中國浙江長興人，日本京都帝大法學院畢業。曾任中華民國國民參政會副秘書長、政治協商會秘書長，是協助上海保衛戰的三要角之一，可說是出身國民黨的權力圈。他如果能順從蔣介石，諒可飛黃騰達，卻因堅持理想而寧可得罪當道，知識分子的志節表露無遺。

共、真正的民主而奮鬥，務使一黨專政之局，永遠絕跡。6月26日，選舉改進座談會召開第一次委員會，推出17名召集委員，並推雷震、李萬居、高玉樹三人為發言人，繼而開始一連串全省各地的巡迴座談會——從7月中旬到8月底之間，先後分別在彰化、台中、嘉義、高雄、中壢等地舉辦選舉改進座談會，並宣佈新的反對黨即將成立。估計與會的地方人士約400餘人。

新政黨籌組的風聲一出，國民黨統治當局黨政軍所控制的各種媒體，齊起而攻，《自由中國》雜誌也不甘示弱予以還擊。9月1日，選舉改進座談會發表一篇緊急聲明，除了對組黨人士近日內所受到的

干擾提出控訴外，並堅決聲稱：「由於組織新黨的運動已經是海內外民主反共人士一致的願望，而在國內是由下起來的潮流。我們現在對於新黨的政綱、政策、黨名及黨章等都已有了初步的定案，預定在九月底以前即可宣告成立，我們敢斷定這不是任何干擾所能阻止的。」

組黨運動到此已呈勢不可止的地步。然而，就在9月1日《自由中國》發表由殷海光教授執筆的社論〈大江東流擋不住！〉而聲稱組黨是任何洪流所無法阻擋的三天後——9月4日——台灣警備總部以涉嫌叛亂之由，逮捕雷震、主編傅正、經理馬之驌，及會計劉子英4人。雷震被冠上「為匪宣傳」（散佈「反攻無望論」）以及「知匪不報」（雜誌社的會計劉子英被指為匪諜，雷震被指控沒有檢舉他）兩項罪名，於10月8日被判處有期徒刑10年。《自由中國》的編輯傅正及經理馬之驌，處感化三年。被設計為「匪諜」的劉子英處12年徒刑。

由於雷震案的發生，不僅《自由中國》雜誌遭查封，籌組中的「中國民主黨籌備委員會」，也因主客觀因素而不得不中止。這一段「本省人」與「外省人」為台灣民主政治攜手奮鬥的可貴經歷，遭到統治者的無情打擊，實在令人扼腕。台灣的民主運動因此跌入谷底，直到60年代末期，才又有「黨外」民主運動的崛起。

雷震坐滿10年的牢獄，比起中途可以假釋出獄的殺人犯陳進興大大不如，而且出獄時，在獄中完成的400萬字的回憶錄遭軍人監獄沒收焚燬。雷震出獄時，正值台灣外交挫敗之際，1971年蔣介石政權的代表被逐出聯合國。雷震雖甫出獄，但仍未

死心，於1972年元月上了一份萬言書〈救亡圖存獻議〉給蔣介石總統，提出10項政治興革方案。其中首項建議─「從速宣布成立『中華台灣民主國』，以求自保自全，並安撫台灣人，開創一個新局面。」雷震在建議書中說著：「我們今天統治的土地，本來叫做『台灣』，今將『台灣』二字放在國號裡面，那就不是神話了。我們今天有一千四百萬人民[按當時人口]，我們以台灣地區成立一個國家，乃是天經地義、正大光明之事⋯⋯」

　　這項建議當然不為主張「漢賊不兩立」的蔣介石所接受。8年後，1979年3月7日，雷震病逝於台北。此時正是美國與台灣的國民黨政府斷交的兩個月零一週之後。

【基本參考資料】
◆李筱峰，《台灣民主運動40年》，1987，台北，自立晚報出版部。
◆薛化元，《「自由中國」與民主憲政》，1996，台北板橋，稻鄉出版社。
◆雷震，〈救亡圖存獻議〉，1972.1，手稿影本。
◆蘇瑞鏘，《「中國民主黨」組黨運動之研究》，1995，師大歷史研究所碩士論文。
◆張忠棟，〈雷震與反對黨〉，1990年9月，澄社主辦「紀念雷震案三十週年學術研討會」論文。

71 《文星》雜誌出擊

1960年代初，《文星》雜誌填補了《自由中國》被停刊之後的空缺，發揮文化思想的啟蒙工作。

　　1960年代前半期，有一本頗具思想啟蒙作用的雜誌，在台灣社會散發著它對青年學子的影響力，對於傳播民主、法治、人權觀念，有其不可磨滅的功勞，這本雜誌，就是由蕭孟能創辦的《文星》雜誌。

　　其實《文星》雜誌早在1957年11月即

已創刊。從創刊到被停刊，共計出版98期，歷8年又2個月，時間橫亙1957到1965年底。早期的《文星》，標榜「文學的、藝術的、生活的」，可見它一開始，重心乃在文學及藝術，並不是一本政治性刊物。自1959年11月起（5卷1期），因「認定人生是受知識指導的」，而為了「啟發進步的思想」「使文星以思想的探討為重要的編輯方針」，遂將文星的目標修改為「思想的、生活的、藝術的」。到了《文星》的第5年—1961年（民國50年）11月第49期（9卷1期）開始，李敖等青年加入《文星》之後，《文星》又有了新貌，編輯重心一轉而至思想的論戰上，全面對中國傳統文化攻詰，大力提倡現代化、西化，極力宣揚西方的科學與民主。李敖等人在《文星》雜誌上掀起的文化論戰，後來竟走上對簿公堂的法律途徑，立法院甚至出現了萬言質詢，《文星》受到國內保守勢力的壓力愈來愈重。自58期（10卷4期，1962年8月1日）以後，《文星》又邁入新的階段，除了繼續前期的思想啟蒙之外，編輯重心又涵蓋對社會現狀的檢討，開始將思想觀念的反省與批判，與日常生活世界中的事件制度的思索，扣連在一起。因此，這一階段的

《文星》雜誌，以現實的政治社會問題，諸如自由法治、法律檢討、教育、社會倫理道德……等，為其論述的主題。

若論《文星》雜誌對台灣民主、自由思想的影響，當屬《文星》後半期的內容最具影響力。其中如台大教授殷海光從理論思想層面對自由、民主的析論；學法律的陸嘯釗自67期起推出一系列稱為「惡法錄」的文章，對一些不合時宜、混亂雜沓的法律規條及法律制度，作不客氣的指陳；被譽為「人權的牧師」的李聲庭，透過對歐美維護人權、法治實例的介紹，予國人在人權、法治、自由、民主觀念上有極大的啟示作用。這些文章，在當時民主運動萎蹶不振的灰暗年代裡，給青年學子帶來一線曙光。

雖然有人以「文星集團」來形容文星雜誌的編輯與作者，但是嚴格而論，《文星》實在構不上是一個集團，或是政團。

不過，文星在文化思想啟蒙上，有其相當的成績，也因此，對於民主、自由思想的播種，有其歷史上的地位。思想史學家韋政通，將《文星》與《自由中國》相提並論，認為是台灣當時類似中國五四新文化運動時代的兩本思想啟蒙的雜誌。韋政通說：「來台後官方一直將自由主義當作思想的逆流，把五四運動和自由主義不斷地淡化、醜化。所以，少數受五四運動影響的知識分子，為了抵抗也不斷發出宣揚五四的聲音。尤其每年到了五四，就會有一些紀念五四運動的文章出現。五十年代初期台灣社會仍然非常保守封閉，為了打破這種阻礙進步的現象，五四和自由主義自然成為重要資源。」「那個年代無論在『自由中國』或『文星』兩個雜誌從事思想工作的人，可說是沒有任何保障的，他們站在第一線，非常容易遭受困擾和打擊。」

《文星》雜誌所遭受的困擾和打擊，到了第90期以後，益加明顯。第90期遭當局查禁。98期時，主編李敖寫了一篇〈我們對「國法黨限」的嚴正表示〉，嚴厲指責當時負國民黨宣傳之責的國民黨中央委員會第四組主任謝然之，違反了國民黨總裁「不應憑藉權力、壓制他人」的指示。那一期的雜誌出刊後，《文星》雜誌遭到停刊一年的行政命令處分。但是停刊一年期限將屆時，文星書店股份有限公司董事長蕭同茲，忽然收到國民黨中央委員會第四組函件，明告「茲據有關方面會商結果，認為在目前情況下《文星》雜誌不宜復刊。」於是《文星》的時代，自此結束。李敖曾揶揄說：「它（按指《文星》）生不逢時，也不逢地、最後在高壓之下殉難小島……。」

從《文星》雜誌的際遇，又再一次讓我們看到60年代仍是一個政治高壓、文化封閉的年代。也因此，《文星》的啟蒙工作更顯出它的歷史意義。不過，以今觀昔，我們發現今天澎湃發展的台灣主體思考的觀點，在《文星》時代並沒有出現，《文星》的編輯群及作者群大部分為大陸籍人士，他們仍習慣以大中國為思考的座標，也許真如李敖說的，「生不逢時，也不逢地」，他們所辦的雜誌雖然最後「殉難小島」，但是這「小島」畢竟不是他們的國家認同的主體對象。

【基本參考資料】

◆李筱峰，《台灣民主運動40年》，1987，
台北，自立晚報出版部。

◆陳正然，《台灣五〇年代知識分子的文化
運動—以「文星」為例》，1985，台大社會
學研究所碩士論文。

◆韋政通主講，〈台灣30年來的思想界〉，
載《台灣文藝》106期，1987.8。

◆李敖主編，〈「文星雜誌選集」序〉，載
《文星雜誌選集》，1982，台北，鴻蒙文學出
版公司。

72 獎勵投資條例

為了因應美援的終止，吸收更多外資，帶動台灣的經濟發展，1960年行政院頒布「獎勵投資條例」。1960年代，台灣的經濟，逐漸由進口替代政策，轉向勞力密集的外貿導向的經濟。

台灣經過50年代的兩次四年經建計畫後，美國認為台灣已經掙脫貧窮，要求削減美援的供應，希望台灣當局提出何時終止美援的說明。因此，當時的美援運用委員會副主委尹仲容暨所屬，在1959年底作成「加速經濟發展計畫大綱」及19點財經改革措施，以便有效推動第三期四年經建計畫。1960年（民國49年）9月，行政院公佈「獎勵投資條例」，以租稅減免為主要手段，希望能在美援停止後，繼續吸取更多外資，促進工業發展，帶動經濟起飛。獎勵範圍包括公用事業、礦業、製造業、運輸業、觀光旅館業等。

獎勵投資的政策，發揮了相當的效果。自「獎勵投資條例」頒布的1960年起，到1973年（第一次石油危機出現）止，平均每年投資增加率為15.5%，而其中民間企業投資均佔半數以上，且平均每年投資增加率更高達21%。1960年代，僑外資仍是台灣投資資金的重要來源，從美援停止的1965年到1973年的9年間，僑外投資佔國內資本形成毛額的比例提高到8%，可見僑外資在補充國內資本形成上有其重要性。

在60年代的高雄加工出口區內，女性從業人員正在製作手工的繡花鞋。（中央社提供）

50、60年代，台灣急速工業化，吸收了許多鄉間勞力投入工業生產。這是一家製作合板的工廠，僱請農村人力作業的情形。引自Horace Bristol〝Formosa—A Report in Pictures〞

以國內生產淨額而言，1963年起，工業產值比例就超過農業產值比例；1968年起，製造業產值比例也超過農業產值比例，台灣已由農業經濟型態轉變爲工業經濟型態。

自1961年到1973年的13年間，台灣的對外貿易呈現長期持續成長。1971年開始出現貿易出超，從此就步入了長期貿易出超的新經濟局面。以1966年爲一個重要分水嶺，出口品結構自農產品及農產加工品動態發展爲勞力密集工業品。

在經歷50年代末期積極的進口替代工業發展策略後，台灣的若干工業產品已足夠滿足國內市場需要，且漸有剩餘。爲拓展產品市場，加速經濟成長，1960年代以後工業發展重點乃以拓展外銷爲主。繼1960年制訂獎勵投資條例之外，爲了降低投資者的管理成本，以便吸引僑外投資人來台投資，1965年開始營建高雄加工出口區，這是亞洲第一個加工出口區。1969年再設置楠梓與台中兩個加工出口區。

加工出口工業的發展帶來工業高成長。在1960年到1973年止，工業生產指數增加6.9倍，平均每年工業成長率達17％。

由於1950年代以後，歐美工業先進國家的工資不斷上漲，勞力密集工業如紡織業等，愈來愈難發展，因此在整個世界經濟的分工上面，勞力密集工業逐漸由歐美轉向人力資源豐富、工資便宜而又稍具工業基礎的國家，如台灣、韓國、新加坡。自1960年以來，台灣出口的急遽擴張和經濟的快速成長，主要乃是建立在「低廉工資」此一比較利益上。質言之，這種勞力密集外貿導向的工業發展，乃以農業爲墊腳石，農村提供了充沛的廉價勞力。

從50年代到60年代，台灣逐漸由農業社會邁向工商業社會。急速的工業化，吸

70年代RCA電子生產線。（新聞局提供）

引了許多鄉村勞力集中到都市，甚至鄉村的少女也蜂擁而至。60年代初期，台灣社會流行一首叫做〈孤女的願望〉的歌曲，描寫一位失去雙親的少女，從鄉村到台北的工廠應徵工作的心情。歌詞中說到「阮想欲來去都市做著女工度日子，也通來安慰自己心裡的稀微」「人在講對面彼間工廠是不是貼告示欲用人，阮想欲來去」「請借問門頭的辦公阿伯仔，人在講這間工廠有欲採用人……假使少錢也要忍耐三冬五冬」，相當寫實，也為女工的辛酸留下歷史的見證。

除了〈孤女的願望〉之外，尚有幾首歌曲描寫農村青年嚮往都市，特別對台北趨之若鶩的情形，生動而寫實，例如有一首〈省都的一信〉（「省都」，指的是1967.7.1改制為院轄市前的台北市），歌詞中描寫主角來到台北之後，寫信勸鄉下的友人快來台北謀生，還質問友人「不時都tiam3在農村哪有啥路用?」（經常留在農村有何用?）；有一首由黃西田唱紅的〈田莊兄哥〉，敘述一位青年離開農村家鄉乘火車赴台北的沿途心情，也表露農村青年投身

「客廳即工廠」的典型景象。

易更加暢旺起來，港口也更加忙碌了。因此在這個時期的流行歌謠中，也出現一些與港口有關的歌謠。少女陳芬蘭用童稚的聲音，輕快地唱出海員的心聲〈快樂的出航〉；文夏演唱的〈再會啊！港都〉，透過收音機，也道出船員出海的心情。另外像〈快樂的行船人〉等，都與港口或船員有關。

除了鄉村的勞力湧向都市之外，也出現「客廳即工廠」的景象。許多開在社區裡的小工廠，接下外國訂單卻又人手不足，於是將一些加工性質的工作發包給附近的家庭主婦，讓她們將工作帶回自己家中做，既不需要廠房，又比較省工資，所以60年代的台灣社會，許多市鎮出現著「客廳兼工廠」的景觀，婦女們帶著小孩，在自家的大廳裡做著工廠委託的按件計酬的加工。那個時代，出現全島皆工廠，到處是工人的現象。那是一個台灣人「愛拼才會贏」的感人時代。

工業社會的心路歷程。歌曲中竟然明白表示不願再聞農村土味、不願再騎犁田的水牛、不願再聽鄉間水蛙的各各叫聲，要「趁著機會」到台北謀生，這個「機會」，就是50、60年代台灣急速工業化的過程；還有一首叫〈流浪到台北〉，也是描寫一位到台北奮鬥的鄉下男子，懷念留在鄉間的情人的心情，要情人體諒他到台北純然是為了他們將來美好的前途。

這些湧向都市討生活的鄉間勞力，來到都市之後，由於當時城鄉之間交通、電訊尚未發達，與家鄉之間的距離感仍大，對家鄉的懷念也就較深，因此，懷念故鄉、思念家人（特別是母親）的歌曲，在60年代頗能引起共鳴，〈媽媽請您也保重〉、〈黃昏的故鄉〉正是流行於此時的重要歌曲。

1960年代左右，台灣的經濟逐漸由進口替代政策轉向外貿導向的經濟，國際貿

【基本參考資料】
◆林鐘雄，《台灣經濟發展40年》，1987，台北，自立晚報出版部。
◆許嘉猷，〈台灣農民階層剖析〉，載台灣研究基金會，《解析台灣經濟》，1992，台北，前衛出版社。
◆李筱峰，〈時代心聲—戰後20年的台灣歌謠與台灣的政治和社會〉，載《台灣風物》47卷3期，1997.9.30，台北。

73 電視時代開始

1962年10月10日，台灣電視事業股份有限公司開播，台灣從此進入電視傳播的時代。

1959年1月，「中」日合作策進會第4次委員會召開，組成「中」日電視事業小組，並派劉啓光、魏景蒙、林忠3人到日本與東京芝浦電氣株式會社洽談合作事宜。1961年3月4日，台灣電視事業委員會成立，即與日本富士、東芝、日立、日通等4家日本廠商合作創辦台灣電視事業股份有限公司。台灣電視公司剛開始的資本額3000萬元新台幣，由台、日雙方按3：2之比例認股。日方出資40％，爲1200萬元（全爲民股）；台方資本中，省各金融機關認股49％，民間認股11％。

1962年（民國51年）10月10日，台灣電視公司在蔣宋美齡的剪綵與按鈕啓用後，正式開播，台灣進入立體傳播時代。

一個國家的傳播媒體和交通建設一樣，它的發達與否，關係著該國能不能具備現代化國家的必要條件。但是在台灣的開發史上，資訊媒體的開發與交通的建設卻不盡然有相同的意義。交通的開發大體上無負面的影響，例如日本時代貫穿台灣南北的鐵路、公路的完成，雖是有利於殖民者「剝削網路」的完成，但也同時促進台灣全島南北的溝通聯繫，有助於台灣全島一體的台灣意識的萌芽。然而，1962年起，台灣雖然號稱進入電視傳播時代，固然是社會的一大進步，但從另外的角度來看，它卻也存在著負面作用。當傳播媒體完全掌控在專

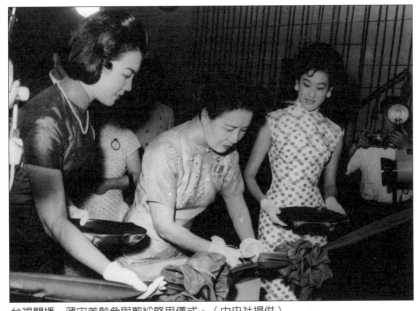

台視開播，蔣宋美齡參與剪綵啓用儀式。（中央社提供）

制極權統治者的手中時，傳播媒體便很容易（幾乎必然是）淪為極權統治者的工具，成為政治宣傳、愚民政策的幫傭。觀察所有極權國家的媒體，無一倖免，60、70年代的台灣也是如此。60年代以降，台灣的大眾媒體，尤其是電視媒體，完全由黨政軍所把持，因此電視媒體發揮輿論批判政治、為民喉舌的作用小，成為政權中心的傳聲筒的作用大。誠如台視成立的宗旨所揭櫫的是「報導新聞及宣傳政令」「推廣社會教育及發揚中華文化」。回顧那個時

60年代以後，台灣雖然進入電視時代，但是有很長的時間，電視媒體一直扮演著統治當局傳聲筒的角色，久而久之，侵蝕著台灣人民的中樞神經。

代的電視內容，在政治立場上完全是一面倒的「一言堂」，「英明的領袖」「偉大的中華」的圖騰，透過電視畫面，長期「制約」著台灣人民的中樞神經，民主運動受盡汙蔑，台灣本土意識受盡壓抑。連娛樂性節目，也都小心翼翼配合國民黨統治者的文化政策而行。大部分以所謂「國語」發音的節目，更使得台灣本地語言日漸沒落，本土母語的歌謠也在電視上受到限制與歧視。電視台一天只准播放二首台語歌曲，某次電視台請鳳飛飛去唱歌，結果輪到她唱的時候，被告知另外兩首已被唱過了，她只好打道回府。媒體本來是有助於文化的創建的，但是操縱在極權統治者手中的媒體卻適得其反。

海耶克（F.A. Hayek）在他的名著《到奴役之路》（The Road to Serfdom）中說：「在集權統治之下，所謂理論也者，不過是官方底頒製品而已。全部傳播知識的工具，例如學校、報紙、廣播、以及電影，無一不用來支持官方底看法。無論官方底措施究竟是對還是錯，這些工具全部都用來加強一項信念，即是，官方的決定總是對的。任何新聞，其是否足以影響人民對於政府之忠誠，乃決定其公佈或扣留之唯一的標準。民主邦國，戰時在某些部份或不免如此；而在極權地區則任何部份永久都是如此。任何言論或行動，凡足以使人疑慮政府的智慧，或使人之不滿情緒增加者，便不讓之流行。凡足以把本國不利的情形與外國作比較的機會，凡政府措施失當的真相，或諾言不能兌現之處，都要禁止發表。凡有計畫地管制新聞之處，無不如此。結果，弄到大家底看法一致，既然

小飛機拖著這個「台灣獨立萬歲GO GO TAIWAN」標語飛過威廉波特上空，使得台灣的電視轉播不得不立刻切掉這個畫面。（引自陳銘城著《海外台獨運動四十年》）

大家底看法一致，也就用不到強迫了。」

看過海耶克這段話，彷彿他在60、70年代來過台灣觀察過台灣的電視媒體似的。以下的例子，可以再為當年台灣電視媒體所扮演的政治工具的角色提供一個取樣：

1969年8月，台灣的少棒小將代表遠東區少棒隊赴美國賓州威廉波特參加世界少棒賽，一舉贏得冠軍，不但鼓舞了海外留學生，也掀起台灣的少棒熱。此後，台灣的電視公司每年都以電視衛星實況轉播球賽。那幾年，少棒隊「揚威海外」的電視畫面，展現在台灣民眾面前。原本只是小孩子打棒球的運動，卻經過一番「中華兒女，揚威海外」「莊敬自強，處變不驚」的政治化宣傳，果然引起民心沸騰，讓台灣人陶醉其中，而忘了蔣政權退出聯合國之後的外交孤立與台灣的安危，電視的力量真是不可小覷。1971年，巨人少棒隊在

美國威廉波特球場上與美西隊進行冠亞軍決賽時，「台灣獨立聯盟」的人士租了一架小飛機，機尾拖著「台灣獨立萬歲GO GO TAIWAN」的標語，在球場低空盤旋，希望透過台灣電視台的衛星實況轉播，將此鏡頭傳回給島內平常無機會接觸其他資訊的台灣民眾。這個鏡頭一出現，現場轉播的電視台人員緊急喊停，立刻避開這個畫面。但當地的媒體都報導了飛機宣傳事件，當地的GRIT報上，也刊登了飛機飛過球場的相片。

60年代之後，台灣雖然進入電視傳播時代，但我們檢視那段歷史時可不要忘了，台灣的電視媒體，有很長的時間都在擔負著宣傳國民黨統治者「國有思想」的任務。直到今天雖然開放了，「國有思想」的痕跡仍然依稀可見，若隱若現。

【基本參考資料】

◆ 錦繡出版社編輯部，《台灣全記錄》，1990，台北，錦繡出版社。
◆ 莊永明，〈談福佬系歌謠看時代背景〉，載鄭英敏等編《鄉土音樂》，1995，台北市教師研習中心編印。
◆ 陳銘城，《海外台獨運動四十年》，1992，台北，自立報系。

74 台灣人民自救宣言

1964年，台大教授彭明敏與學生魏廷朝、謝聰敏等人印發〈台灣人民自救宣言〉，提出「一中一台」主張，未及發出，就遭逮捕。

　　經歷過50年代白色恐怖陰霾的政治氣候，到了60年代，台灣的政治天空並沒有放晴，政治案件依然層出不窮。其中涉及台灣獨立主張的案子很多，例如1963年（民國62年）邱萬來、高金郎等人的「灃江軍艦案」；1963年宋景松、陳三興等人的「興台會案」；1968年邱新德、林永生等人的「筆劍會案」……等，都是因主張台灣獨立而獲罪的案子。

　　在眾多的台獨案件中，最受矚目，且提出較周延的台灣獨立理論的，要算是1964年彭明敏與謝聰敏、魏廷朝的〈台灣自救宣言〉案。

　　彭明敏，1923年（大正12年）生於台中大甲。戰前留學日本東京帝國大學法學部政治科，留學期間因盟軍轟炸，左臂被炸斷。戰後回台灣入台灣大學政治系，1948年畢業，赴加拿大麥基爾大學，1953年獲該校國際航空法碩士。1954年獲法國巴黎大學法學博士。學成回台任教於台灣大學政治系，34歲成為台大有史以來最年輕的教授。1961年任系主任，同年被聘擔任聯合國大會中華民國代表團顧問。並於1963年當選第一屆十大傑出青年。當時與他同時當選傑出青年的名單中，尚有錢

1970年初彭明敏抵瑞典時攝。

復。以當時彭明敏的地位與身分，若願奉迎蔣政權，想必飛黃騰達，但他耿介的個性，寧願忠於知識分子的本分。他以一介國際法權威，有感於台灣在國際社會上若不改弦更張，有朝一日將無法立足。

　　就在他當選十大傑出青年的隔年，1964年，他結合他的學生魏廷朝、謝聰敏等人，起草〈台灣人民自救宣言〉，計畫印發全島各地。但宣言尚未發出，他與學生即被特務人員查知，遭到逮捕。

　　他們在宣言中指出，蔣政權利用「反攻大陸」神話蒙蔽人民、實施戒嚴，並挾中共以自重，向美國討價還價。他們呼籲

台灣人民必須在「極右的國民黨」與「極左的共產黨」之間走出自己的道路。宣言中說：

「『一個中國，一個台灣』早已是鐵一般的事實！不論歐洲、美洲、非洲、亞洲，不論承認中共與否，這個世界已經接受了『一個中國，一個台灣』的存在。⋯⋯團結一千二百萬人的力量，不分省籍，竭誠合作，建設新的國家，成立新的政府。重新制定憲法，保障基本人權，成立向國會負責且具有效能的政府，實行眞正的民主政治。以自由世界的一分子，重新加入聯合國，⋯⋯」

彭明敏是台灣第一位提出「一中一台」言論的人。而且，較諸過去具有濃厚的「省籍意識」的台灣獨立觀，彭明敏等人的宣言中明顯能打破「省籍」的藩籬。當時蔣政權還未被趕出聯合國，但彭明敏早已看出，長此以往而不知變法求新，必定山窮水盡，所以他提出制定新憲法，以新國家的身分，重新加入聯合國。在當時的國際環境中，如果蔣介石能採納這位國際法專家的意見，今天台灣在世界上早就有一席之地了，不須這麼辛苦。但是，蔣介石非但不能察納雅言，反而將彭明敏等人逮捕入獄。7年後，台灣的蔣政權的代表果然被逐出聯合國。

彭明敏等人於1964年9月20日被警備總部逮捕，以叛亂罪被軍法機關起訴。次年4月2日分別被判處8年（彭、魏）、10年（謝）的有期徒刑。不過，由於彭明敏在國內外擁有高度聲望，許多國內外團體紛紛向蔣介石要求特赦，最後於同年11月3日特赦出獄，但行動仍遭特務情治人員監視。

魏廷朝、謝聰敏則監禁於獄中。

1970年1月，彭明敏知道他在台灣的處境相當危險，在多方的暗中協助下，他偷渡到瑞典，再赴美國。除在美國密西根大學擔任法學客座教授外，並從事台灣獨立運動。1972年出任台灣獨立聯盟總本部主席，後來與台灣海外同鄉學者創立台灣人公共事務協會（FAPA），擔任會長（1982）。1990年擔任亞太民主協會理事長。

在海外流亡了23年後，台灣的政治也有了相當程度的開放，1992年彭明敏返回台灣。1996年被民進黨推舉參選台灣有史以來的第一屆民選總統，與他在台大時的同事李登輝競選。

畢竟，有歷史感與抗爭性的台灣人不多，在體制外爲台灣的民主與獨立奮鬥的彭明敏，輸給了在體制內隱忍攀爬的李登輝。

【基本參考資料】

◆《回顧與展望──台灣人民自救宣言三十週年紀念文集》，1994，財團法人彭明敏文教基金會印行。
◆彭明敏，《自由的滋味》，1988，台北，前衛出版社。
◆宋重陽，《台灣獨立運動私記》，1996，台北，前衛出版社。
◆Glaude Geoffroy，《台灣獨立運動》，1997，台北，前衛出版社，
◆陳銘城，《海外台獨運動四十年》，1992，台北，自立報系。

75 「國家安全會議」成立

1967年2月1日，蔣介石總統設立「動員戡亂時期國家安全會議」，
凌駕於行政院之上，自任主席，使他的獨裁政治更達頂峰。

「中華民國憲法」於1947年（民國36年）12月25日實行，當時蔣介石主控的國民政府還在南京。行憲不到半年，1948年5月10日，南京的國民政府就公佈了「動員戡亂時期臨時條款」，授與總統極大的緊急處分權。蔣介石總統擁有極大的緊急處分權，並沒有讓他的政權穩固下來，反而在1949年全面崩潰，逃退到台灣。

1954年3月，蔣介石將總統府的「機要資料組」改為「國防最高會議」，美其名是要使動員戡亂之軍事計畫能與行政部門相「配合」，其實，這是擴展統治權力的一個手段。

於是，7月16日出刊的《自由中國》雜誌，就以社論〈民主憲政的又一試金石〉一文，主張國防組織法尚未經立法院審議通過，不應有「國防會議」之組織。當然蔣介石是聽不進去的，他不僅沒有停止這個不尋常的機構，更於9月5日任命兒子蔣經國為國防會議的副秘書長，掌握相當大的實權，讓他透過「國防最高會議」轄下的「國家安全局」，統攝各情治機關。

1960年，為了不受憲法有關總統任期只能連任1次的限制，未經人民改選的「國民大會」，又修改「動員戡亂時期臨時條

款」，讓蔣介石有權成為終身總統，不受憲法的規範。

這個有權可以終身連任總統的統治者，顯然對於自己的權力還感不足。1966年3月，未經人民改選的「國民大會」召開第4次會議，順應蔣介石的需要，增訂「動員戡亂時期臨時條款」第4、5項。第4項規定「動員戡亂時期本憲政體制授權總統得設置動員戡亂機構，決定動員戡亂有關大政方針，並處理戰地政務」；第5項規定「總統為適應動員戡亂需要，得調整中央政府之行政機構、人事機構及組織」。翌年（1967年）2月1日，蔣介石就根據「動員戡亂時期臨時條款」第4項之規定，公佈「動員戡亂時期國家安全會議組織章程」。據此，原來的「國防會議」撤銷，進一步改設為「國家安全會議」。

「國家安全會議」下轄國家安全局、戰地政務委員會（以上兩單位原屬國防會議）、國家建設計畫委員會、國家總動員委員會、科學發展指導委員會等機構。

「國家安全會議」的主席由總統擔任，成員還包括副總統、總統府秘書長、參軍長、行政院正副院長、國防、外交、財政部長、參謀總長、本會議之秘書長及各委

員會的主任委員。政府之重要行政、軍事首長均網羅其中，以決定國家安全之重大決策。總統以主席身分，擁有最後決議之核定權，因而透過國家安全會議，總統成為國家實際上的行政首長。同時，「國家安全會議」轄下的國家安全局，直接控制國防部台灣警備總部、法務部調查局、內政部警政署等情治單位，總統以主席的身分，也掌握國家的情治系統。

總之，「國家安全會議」成為決策部門，原本憲政常軌下應具決策功能的行政院，卻成為執行部門，行政院長必須向國家安全會議負責。無怪乎，「國家安全會議」被民主運動人士譏為「太上行政院」。而這個「太上行政院」是由總統指揮，又不受國會的監督與制衡，總統集大權於一身，成為最高決策者。蔣介石的權力，透過「國家安全會議」，可說到了極致。

76 九年國民義務教育實施

1968年9月，9年國民教育開始實施，國民中學首次在台灣史上出現。

1964年教育部即開始研擬「志願升學方案」，計畫將義務教育的年限延長。當時預計以8年的時間漸次研究改革的方案，但後來卻驟然由僅籌備一年即付諸施行的「九年國民教育實施方案」所取代。

1967年6月27日，蔣介石總統於總統府的「國父紀念月會」上宣示：「我們要繼續耕者有其田政策推行成功之後，加速推行九年義務教育計畫。」這個宣示，為9年國民教育的提早實施做了預告。一個多月後，8月17日，蔣介石總統正式發布命令：「茲為提高國民智能，充實戡亂建國之力量，特依照動員戡亂時期臨時條款第4項之規定，經交動員戡亂時期國家安全會議決定：國民教育之年限應延長為9年，自57學年度起，先在台灣及金門地區實施。」原來這一次倉促決定提早實施9年國民教育，不是教育部提出，也不是行政院提出，而是蔣介石經由「國家安全會議」提出的。教育部在接到這個命令之後，趕緊草擬〈九年國民教育實施條例草案〉。1968年（民國57年）1月19日，立法院通過這個條例。1月27日總統正式公佈之。

依據〈九年國民教育實施條例〉，國民教育分為兩個階段：前6年為國民小學；後3年為國民中學。國民中學由地方

台灣省實施九年國民教育慶祝大會，同時並舉行57學年度國民中學聯合開學典禮，由當時省主席黃杰主持。（中央社提供）

教育行政機關劃分學區，分區設置。有關學區的劃分，以原有的國民學校學區為基礎，由一所或聯合鄰近幾所國民學校為一個國民中學學區。各縣劃分學區時，以每一鄉鎮設置一國民中學為原則。學生於小學畢業後，免經考試，直接進入國民中學就讀。國民教育課程採九年一貫制，以「民族精神」及生活教育為中心。國民中學繼小學教育基礎，兼顧升學與就業需要，加強職業科目與技藝訓練，經費由地方稅內籌措，校地來源取自於撥用公地、收回公地或都市計畫保留用地等。

1968年9月9日，全國國民中學如期開學，總計籌備時間僅1年2個月。從國家社會的長遠發展來看，國民義務教育的延長是絕對正確的，但是由於當時匆促施行，以致衍生許多問題，例如師資系統混亂，不當教員濫竽充數，師資素質低落，班級人數過多，教師工作負擔過重，地方經費不足，教學設備貧乏，國中小學課程不能銜接……等等。加以國內注重升學的社會現況，致使國中教育發展畸型化，使得當初延長9年國教的理想受到阻礙。

再者，延長國民教育固然是劃時代的事，但是國民黨「黨化教育」的本質並沒有變，長期以來教育淪為蔣政權的「政治洗腦機」的功能依然存在。蔣介石此次對於延長國民教育的目的，也說是要「充實戡亂建國之力量」，〈九年國民教育實施條例〉中也說「以民族精神及生活教育為中心」，這正說明著延長後的國民教育，還是擺脫不掉國民黨政權那一套「戡亂」「民族精神」的意識型態。誠如教育學者林玉体所說的：「當年胡適主張『用教育來打倒愚昧』，但是教育如用高壓的思想填鴨方式，則非但教育的結果不能打倒愚昧，反而更為愚昧。不受教育還很聰明，一入學校反而蠢了、呆了、笨了。在這種狀況下，接受教育的時間越長，災害越大──小學小笨，中學生中笨，大學生大笨。俗云：去山中賊易，去心中賊難；身繫囹圄猶有救，心陷牢籠無盡期。因此，教育再不能彈性化、自由化、多元化、民主化，則思想之閉塞與觀念之固執就可想而知。」

看過林教授這段語重心長的話之後，我們就不難理解，為什麼受過9年國教的國民，比只受過6年國教的國民，對自己本土母語的使用更為生疏，對自己本地族群的歧視則更嚴重。

【基本參考資料】
◆徐南號，《台灣教育史》，1986，台北，師大書苑有限公司。
◆林玉体，《台灣教育面貌40年》，1987，台北，自立晚報出版部。

77《大學》論政

1970年代初，正當台灣的國際地位挫跌，蔣經國準備接班之際，一群青壯年知識分子透過《大學》雜誌，發出維新變法的改革呼聲。

時序逼近1970年代，隨著台灣社會的變遷，工業化後中產階級的興起，國際外交的挫折，以及統治當局面臨權力轉移的關頭（蔣經國即將接班），台灣社會又開始醞釀要求政治變革的力量。這些社會力量的出現，可以分成兩條不同的路線：其一是，新一代本土政治人物如康寧祥、黃信介透過選舉崛起，發展成「黨外」民運路線（詳見本書第78節〈黨外運動的崛起〉）；另一條是，以戰後新生一代的知識分子和青年企業家結合組成的筆陣，透過《大學》雜誌的書生論政路線。

《大學》雜誌原創刊於1968年，是由數位知識青年所創刊，原本只是一本文化思想性刊物，但真正發展為政治革新的言論力量，則要到1970年（民國59年）的改組。是年下半年，正當蔣介石年事已高，正準備安排由兒子蔣經國接班，有必要與知識青年廣結善緣，而國民黨政權的外交處境正遭逢空前打擊與重創的前夕，國民黨中央黨部舉辦了兩次青年人士座談，會中許多青年對當時局勢提出許多批評。台北市青商會長張紹文提議召開青年國是會議，起用優秀青年，貫徹政治革新，同時發行一報一刊以團結海內外青年。後來執

政黨當局囑意他們籌辦一本《中國青年》雜誌，但為他們所婉謝。他們認為要創辦刊物可以自己著手，毋須經由黨部來辦，以免言論受限。於是，在幾位熱心分子的奔走推動下，絕大部分參加過座談會的青年，以現成的《大學》雜誌為基礎，加以改組擴充。《大學》雜誌名曰「大學」，非指某特定大學，而是取「大學之道，在明明德，在親民，在止於至善」之意。

《大學》雜誌擴充改組後，社務委員多達50多人，網羅了當時學術、政治、企業界的新生人才。改組完成後的《大學》，恰逢該雜誌創刊三週年，在三週年的紀念刊上（第37期，1971年元月號），《大學》的言論開始大幅度地呈現出對現實政治的關切。劉福增、陳鼓應、張紹文以聯名的方式發表〈給蔣經國先生的信〉，提出三點建議：1.多接觸想講真心話的人；2.提供一個說話的場所；3.若有青年人被列入「安全紀錄」而影響到工作或出國時，請給予申辯和解釋的機會。同期雜誌上，陳鼓應發表〈容忍與了解〉、陳少廷發表〈學術自由與國家安全〉、張俊宏發表〈消除現代化的三個障礙〉、邵雄峰（林鐘雄）發表〈台灣經濟發展的問題〉……等重要文章，這

些都是雜誌改組後，所展開的呼籲政治革新的先聲。

《大學》雜誌自1971年起，開始提昇對現實政治問題的關切，顯係受到70年底釣魚台事件以及海外知識青年的保釣運動的影響。1971年4月，《大學》發表由93名學者、中小企業家等共同署名的〈我們對釣魚台問題的看法〉。同月，台灣多所大學掀起保釣運動。7月15日，美國總統尼克森對全美電視廣播，發表周恩來與季辛吉的共同聲明。而台灣知識青年的改革聲浪，也顯然隨著外交困境的惡化而昇高。同月的《大學》雜誌，發表了一篇引起興論界相當矚目的長文——〈台灣社會力分析〉，該文由張景涵（張俊宏）、許仁眞（許信良）、張紹文、包青天（包奕洪）聯合撰寫。他們分別對於舊式地主、農民及其子弟、知識青年、財閥、企業幹部及中小企業業者、勞工及公務員等階層的性格加以深入的剖析，並建議執政當局不要忽視最擁有潛力的人力資源，應迎合並運用這種人力資源來從事社會建設。

是年（1971年）10月，適逢中華民國開國60年的雙十國慶，該月號（46期）的《大學》雜誌發表了朝野矚目的〈國是諍言〉，由楊國樞、陳少廷、張俊宏、陳鼓應、許信良、高準、包奕洪、邱宏達、呂俊甫、吳大中、金神保、孫震、張尚德、張紹文、蘇俊雄等十五人聯合署名發表。這篇由十五人聯署的大文章，分別從人權、經濟、司法、立法、監察等方面，對國體、政體與法統等問題深入探討，對當前政治改革提出共同的主張，要點包括：1.治理階層必須革新，富民的經濟建設（包括國防軍事、外交經費、及行政機構與公營事業的節流）；2.法治政治的確立（包括行政權的約制和制度的建立、司法的獨立、立法的健全、監察制度的改革）；3.多元價值的開放社會（包括：思想統一不是國家統一的先決條件、教育制度的改革、對安全機構的批評、學術自由的重要、開放大陸研究之必要，及門戶開放之必要等項）。其中對法統的挑戰最爲敏感，他們嚴厲批評：「二十幾年來，我們始終在維持著一個龐大、衰老而且與廣泛大眾完全脫節卻以民意爲名的特權集團。」而在同一期（46期）的雜誌上，社長陳少廷發表〈中央民意代表的改選問題〉，首先提出中央民意代表全面改選的主張。他指出當前的中央民意代表業已失去代表性，而「只有全面改選才能保證可獲致全面的政治革新」，因此他呼籲政府「增訂憲法臨時條款，在自由地區及海外僑界，全面改選我們的中央民意代表，產生新的國會，爲國家開創新的氣象」。這些言論，明顯地較《自由中國》時代更進一步，深觸到政府統治的合法性與代表性的問題。兩個月後，陳少廷更在「台大法言」社主辦的一場「應否全面改選中央民意代表」的辯論會上，與反對全面改選的學者周道濟展開一場盛大辯論，會場台大體育館爲之爆滿。

就在《大學》雜誌提出國是諍言及國會全面改選的同月（10月）25日，蔣介石政府在聯合國的代表被迫退出聯合國，外交的逆境使當時的知識青年益加關心國是。翌（1972）年元旦，《大學》雜誌慶祝四週年紀念，更由楊國樞、陳少廷、王文興、陳鼓應、許信良、包奕洪、張俊

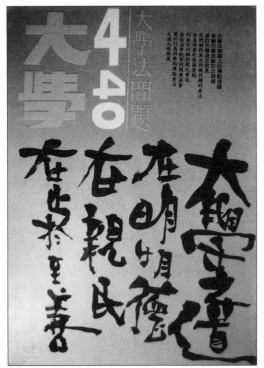

《大學》雜誌封面。

宏、呂俊甫、吳大中、林抱石、林鐘雄、
金神保、高準、陳陽德、張尙德、張紹
文、張潤書、詹長青等人聯合署名，發表
了〈國是九論〉：一論基本人權，二論人
事與制度，三論生存外交，四論經濟發展
方向，五論農業與農民，六論社會福利，
七論教育革新，八論地方政治，九論青年
與政治。這是當時知識青年學者聯合起
來，對舊有統治結構中的積弊，提出多面
性批評的長篇建言。曾參與建言的張俊宏
後來回憶說：「由於蔣經國組閣在即，權
力已逐漸趨於穩固，這篇『國是九論』更
具有不平凡的意義。」「青年問政運動發揮
文字上的參與，至此已達到最高潮的階
層，由六十年的改組，雙十節『國是諍言』

的發表，海內外知識青年參與國是的士氣
極爲高昂，配合六十一年『國是九論』的
發表，已經更具體化地提出細節性的國是
意見。另方面，此時《大學》雜誌的社務
委員也由60年（1971年）初的57名增加到
102名之多，多數則具有博士及碩士學位，
可說爲國內外青年的一時之選。」

《大學》雜誌所推動的政治革新運動，
最直接受到感染和影響的，便是當時在大
學校園內的部分青年。有一些大學生向
《大學》雜誌投稿，參與言論的陣營。大學
裡的部分刊物，也爲文呼應《大學》雜誌
的主張。而在大學裡的社團，也因《大學》
雜誌言論的鼓吹與影響，舉辦多次政治性
的活動。以台大爲例，1971年11月25日有
台大法代會舉辦的「民主生活在台大」；
12月7日有「全面改選中央民代」的辯論會
（前已述及），都在校園內掀起熱潮。1972
年間，「向學校開刀，向社會進軍」的呼
聲自台大擴散到其他校園。在推出〈國是
九論〉的同期《大學》雜誌上，陳鼓應發
表〈開放學生運動〉一文，呼籲讓知識青
年積極參與，並建議在校園內開闢「民主
廣場」，讓學生自由發言。陳文隨後引來國
民黨的《中央日報》連續六天刊出〈一個
小市民的心聲〉的反駁文章，以及隨之而
來的一場不小的論戰，台大法言社也曾爲
此邀請學者及當事人舉行座談，轟動校
園。

校園內的政治性活動，後來因爲1972
年12月在台大舉辦的「民族主義座談會」
後，有陳鼓應、王曉波等人被約談而暫告
低沈，旋又因14位哲學系教師被解聘的
「台大哲學系事件」，使得校園內政治性活

動告一段落。

　　《大學》雜誌的青壯年知識分子們經過兩年集體論政之後，在1973年元月卻告分裂。楊國樞辭去總編輯職務，原來列有社長、總編輯及10名編輯委員的名單，自元月號（61期）的雜誌不再出現。關於《大學》集團分裂的原因，當初整合雜誌頗有功勞的張紹文回憶說：「《大學》雜誌改組後，成員相當複雜，大家的觀點、立場並不一致，平時也沒有緊密的連繫和溝通意見，我想這是它後來離散的重要原因之一。」

　　原班《大學》成員在解組後，各有不同的發展，有的進入政界官場，有的留在學界、文化界，有的進入金融界、商界，也有人走出體制外進行抗爭而入獄（如張俊宏、許信良）。而到了統獨取向涇渭分歧的90年代，他們之中也各有不同的認同。真是「此情可待成追憶，只是當時已惘然」。

【基本參考資料】

◆李筱峰，《台灣民主運動40年》，1987，台北，自立晚報出版部。

78 「黨外」民主運動崛起

1969年的年底，有兩項公職選舉為台灣往後的「黨外」民主運動拉開了序幕。一次是11月舉行的台北市改制後的首屆市議員選舉，一次是12月舉行的中央民意代表補選。

在一般上軌道的民主國家中，選舉有發揮政策凝聚的功能，但是，由於國民黨入台以來所實施的「地方自治」只是一個「半自治」的型態（地方缺少財政權、人事權、警衛權、教育權）；而中央民意代表在1969年（民國58年）以前，格於所謂「動員戡亂」體制，完全不讓台灣人民改選，直到1969年之後，經修改「動員戡亂時期臨時條款」，也只改選其中的一小部分而已（即所謂「補選」及「增額選舉」）。因此，在這樣的政治環境下，台灣儘管有選舉，卻沒有充分發揮政策凝聚的功能，議會政治的意義並不彰顯。不過，選舉還是有相當程度的民眾教育的作用，尤其在長期的戒嚴與白色恐怖政治下，人民平常沒有集會結社的自由空間，但選舉一到，選舉活動提供在野異議人士一個「體制內」的發言時段（有人稱之為「民主假期」），提昇了民眾的政治意識，無形中，為在野反對人士提供一個民主運動的運動場。所以，台灣的民主運動，幾乎伴隨著選舉活動同步進行。

我們在前面講過，《自由中國》雜誌及「中國民主黨」的政治運動，隨著雷震案的發生而告終。其後的六〇年代便進入政治氣壓低沈的漫長時期，這期間，雖然仍有一些在野的本土精英分子，如郭雨新、郭國基等人，陸續經由選舉的管道，在議會中從事在野的政治批判，但充其量僅係個別、零星的行為，無法凝結成集體性的政治改革運動。直到六〇年代的末期，一方面《大學》雜誌的知識分子提筆上陣，另一方面是新一代本土政治人物透過選舉開始崛起，才又帶動民主運動進入

「黨外」候選人所舉辦的政見發表會，吸引成千上萬的民眾前來聆聽平日敢怒不敢言的心聲。

新的階段。這一階段的民主運動，被稱為「黨外」運動。

要了解「黨外」運動的醞釀，必須追溯到1969年底的兩次重要選舉，以及該兩次選舉中崛起的兩位政治人物。這年11月，在台北市改制後的首屆市議員選舉中，一位大學畢業的加油站工人很令人意外地在選舉中高票當選。康寧祥這個名字，在此之前，沒有多少人聽過。1個月後，台灣舉行中央民意代表的「補選」（這是國民黨退入台灣以來的首次中央民代選舉），具有地方草莽性格、已擔任過兩屆台北市議員的黃信介，在康寧祥等人的助選下，當選了立法委員。

翌年（1970年）6月，康寧祥以市議員身分應美國國務院之邀訪美。1972年6月蔣經國組閣，台灣政治的新局面開始，美國WTTV電視台的記者專程來台採訪，並且特別到市議會採訪新崛起的市議員康寧祥。以一個過去藉藉無名的人物，會在短期間受到國際間的注目，這在台灣政治史上是一個異數。在野的康寧祥的崛起，與在朝的蔣經國的上台，分別為朝野政治埋下伏筆。

蔣經國組閣的這一年（1972）年底，康寧祥在台北市參加增額中央民意代表選舉，以次高票當選立法委員；黃信介的弟弟黃天福，也與康搭配競選而當選國大代表。康、黃等人的競選演說，吸引了成千上萬的民眾聆聽，可謂萬人空巷，鬧熱滾滾。在戒嚴的時代裡，一切媒體都定於一尊，成為「一言堂」，「黨外」的政見發表會，卻能引起民眾的共鳴。

1973年初，《大學雜誌》集團逐漸解

康寧祥（左）是早期黨外重要的本土政治人物。70年代起，在野的康寧祥崛起，與在朝蔣經國上台，分別為台灣朝野政局埋下兩條相激相盪的伏筆。

康寧祥蔣經國
政治對話錄
摘錄自問政六年

⑩ 立委候選人 康寧祥

體。負實際發行職責的張俊宏，也離開他任職的中國國民黨中央黨部第四組，而於是年年底的地方選舉中，正式與地方政治人物結合，參加台北市「黨外四人聯合陣

《臺灣政論》發行至第5期便被停刊，曇花一現。

繼《自由中國》《大學》雜誌之後，《台灣政論》「在批判官僚制度的行徑上，在閉鎖的環境中所造成的諸種不合理的事，發揮『掃除髒亂』的功能」。《台灣政論》發行至第5期，言論因1975年底立委的選舉而昇高，遂於選舉中途遭統治當局停刊處分。該期有數篇重要文章：姚嘉文的〈憲法與國策不可以批評嗎？〉、郭雨新的〈被遺忘的社會──人道主義所不能容忍的軍眷村問題〉、陳鼓應的〈早日解除戒嚴〉及〈談『蔣院長說』〉……等，而其中最引起注意的一篇，是澳洲昆士蘭大學教授邱垂亮所撰寫的〈兩種心向〉一文。該文報導鋼琴家傅聰與一位大陸出來的柳教授的談話，因觸及台海關係與台灣前途問題，其中柳教授的話被當局認為「煽動他人觸犯內亂罪，情節嚴重」，乃下令停刊。因此《台灣政論》僅刊行5個月便結束。

《台灣政論》雖然曇花一現，但是那一次的立委選舉，康寧祥再度蟬聯。此次立委選舉，以「黨外」名義競選而獲當選的，除了台北市的康寧祥之外，尚有彰化的黃順興、嘉義的許世賢。但是，自戰後即活躍於政界，並曾積極參與雷震組黨運動的郭雨新，卻在此次立委選舉中敗北（郭曾在1973年2月，與《大學》雜誌社長陳少廷參加監委選舉，皆告落選）。由於開票結果，郭的選區中出現近達3萬張的無效票（廢票），引起宜蘭──郭的家鄉──的民眾懷疑選舉舞弊，不滿的群眾險些在宜蘭市街釀成暴動。郭雨新落選後，具狀控告同選區的林榮三賄選。郭的選舉訟案，委由兩位年輕的律師──林義雄和姚嘉文──辦理，他們由於接辦這場選舉訴訟

線」，角逐市議員，而推動這四人聯合陣線的主導者即是康寧祥。選舉結果，四人皆以高票落選，但在競選期間，台北市確曾掀起市民聆聽政見的熱潮。看過當年那種萬頭鑽動的政見發表會的熱烈場面，真難以相信他們為何會落選。民間經常流行一句挖苦的話說：「他們輸給兩票：買票和作票。」其實，不只輸給這兩票，還輸給統治者全面操控的各種媒體。

1975年8月，張俊宏與康寧祥、黃信介共同創辦《台灣政論》月刊，黃信介擔任發行人，康寧祥任社長，張俊宏為總編輯，法律顧問則聘姚嘉文擔任。後來，曾任礁溪鄉長、因案遭停職的張金策，以及因政治案件入獄多時甫出獄的黃華，也加入《台灣政論》的陣營，擔任副總編輯。

案，逐漸步入現實政治，成為日後黨外運動中的要角。這件訟案，郭雨新敗訴。

「黨外」一詞，原本只是對非國民黨籍的一個泛稱，早期無黨籍的候選人，多以「無黨無派」標榜，而少用「黨外」一詞。自從黃信介、康寧祥崛起後，「黨外」一詞大量使用，無形中「黨外」一詞便成為無黨籍政治異議分子所共同使用的號誌。在這個界定含糊、定義籠統但卻又簡短的號誌下，一些政治異議人士經由數次的選舉，逐漸凝結成一股在野的力量。這股在野運動的力量如何發展，我們留待本書第83節〈中壢事件〉中，再繼續觀察。

【基本參考資料】
◆李筱峰，〈台灣的選舉與民主運動〉，載《首都早報》，1989.6.30-7.1。
◆李筱峰，《台灣民主運動40年》，1987，台北，自立晚報出版部。

79 蔣政權代表被逐出聯合國

1971年10月25日聯合國大會通過2758決議案，驅逐蔣介石代表在聯合國的席位。中國代表權由北京的中華人民共和國取代。

自從1949年中共推翻中華民國，趕走蔣介石政權，建立中華人民共和國以來，到底何者才是中國的合法政府？聯合國裡面的中國席次，應由何方代表？這個問題，不僅是國共雙方爭執的焦點，也是國際社會相當棘手的問題。

1949年（民國38年）10月1日中華人民共和國建國後1個月，北京外交部就通知聯合國大會主席及秘書長，「國民黨集團已無權代表中國人民在聯合國發言，國民黨集團代表留在安理會是非法的」，要求儘速解決中國代表權問題。蘇聯代表也在1949年12月29日在安理會提出「中國問題代表權決議案」，不過於1950年1月13日在3比2、1票棄權的情況下被否決。1950年11月15日，第5屆聯大通過第1次特別委員會中菲律賓代表的提議，「在韓戰結束前，把中國代表權問題擱置不討論」。此後，由於有美國的強力運作，從1951年到1960年，中國代表權問題擱置案一直通過，印度及蘇聯要求把中國代表權問題列入議程的建議始終遭到否決，北京政府一直無法進入聯合國。

外交部長周書楷趕著在2758決議案通過之前，宣布退出聯合國。（中央社提供）

在1960年的15屆聯大上，贊成中國代表權問題擱置案的國家，比反對的只多8票（42：34，棄權22票）。於是，1961年美國、日本、澳大利亞、義大利、哥倫比亞5國提議將中國代表權問題列為需要三分之二多數才能通過的「重要問題」，獲大會通過。於是，國府蔣介石的代表，在聯合國又獲得喘息的機會。

然而，隨著1970年下半葉國際情勢的轉變，使美國對中國政策開始有了調整。尼克森政府準備與中國北京方面改善關係，因此，國際上接納北京政權的考慮也開始多起來。1970年第25屆聯大在討論中國的合法席位時，情勢逆轉了。11月20日聯合國大會對阿爾巴尼亞所提的「接納北京政府，排除國民黨政府」的決議案（國民黨過去所謂的「排我納匪案」），首度出現贊成票超過反對票的局面（51：49，棄權25票。雖然贊成中共入會者多了2票，但因屬重要問題，需三分之二多數才能通過）。對此局面，美國國務院表示將重新檢討北京政府加盟問題，意即不反對北京當局加入聯合國，但美國仍設法讓台灣國府留在聯合國。5天後（11月25日），尼克森在白宮接見來自台灣的行政院長嚴家淦，重新保證要確保國府在聯合國的席位，但亦表示將改善與北京的關係，此種迂迴作法是希望國府接受「兩個中國」。其實，美國這種「兩個中國」或「一中一台」的想法，早在韓戰以來就有跡可循，但是與蔣介石「漢賊不兩立」的中國傳統意識卻是大相逕庭。

儘管美國一直設法改善與北京當局的關係，但仍無意要國府退出聯合國，1971年8月2日國務卿羅吉斯（William Rogers）在記者會上，針對該年秋天聯合國中國代表權的問題，仍表明反對驅逐國府，但支持中共進入聯合國的新方針。

10月25日，蔣政權的代表終於被逐出聯合國。聯合國大會以76票對35票、17票棄權，通過阿爾巴尼亞決議案，由北京的中華人民共和國，取代蔣介石政權在聯合國的中國席次代表權。美國為了留住國府在聯合國的席位，曾先提出「逆重要問題」的提案，即把「將國府代表逐出聯合國」做為一個需要三分之二多數通過的重要問題，但這個提案以59票反對、55票贊成、15票棄權而被大會否決。

長期以來，我們常習慣說「中華民國被迫退出聯合國」，其實，這種說法並不正確，因為被逐出聯合國的並不是中華民國，而是蔣介石政權的代表。我們來看看當時這份逐出蔣政權代表的決議案（聯合國2758決議案）的決議文內容，便可明白：

「大會回顧聯合國憲章的原則，考慮到恢復中華人民共和國的合法權利，對於維護聯合國憲章和聯合國組織根據憲章所必須從事的事業都是必不可少的，承認中華人民共和國政府的代表是中國在聯合國組織的唯一合法代表，中華人民共和國是安全理事會五個常任理事會之一。

決定恢復中華人民共和國的一切權利，承認它的政府的代表為中國在聯合國組織的唯一合法代表，並立即把蔣介石的代表從它在聯合國的組織及其所屬一切機構中所非法佔據的席位上驅逐出去。」

聯合國自1971年的2758號決議案後，

已經確認北京的中華人民共和國政府是唯一代表中國且繼承「中華民國」的合法政府。

對國際社會而言，不論名稱叫「中華民國」（The Republic of China）或是在前面加個「人民的」而成為「中華人民共和國」（The People's Republic of China），都是中國（China），兩個名詞幾乎是同義詞。直到目前，聯合國憲章還保留「中華民國」（The Republic of China）的名號，例如聯合國憲章第23條有關安全理事會的成員中，仍用The Republic of China；憲章第110條也一樣保留The Republic of China的國名。

職是之故，台灣如果真正有意要進入聯合國，就不可能再使用「中華民國」（The Republic of China）進入，因為「中華民國」（The Republic of China）在聯合國裡面已經有了，且已經被北京政權所繼承與代表。這個道理就好像我們要開一個食品公司，不可能用「義美」或「郭元益」去申請營業登記一樣，因為名稱與別人重複，不可能申請得出來。

國民黨政府自1993年起，每年委請友邦向聯合國提案，要求成立「特別委員會」，審議「在台灣的中華民國」在國際體系中的特殊情況，甚至還要求重新審議2758決議案。看來這是白費力氣的。有國際常識的人都知道，我們要「重返」聯合國是不可能的（因為必須把北京代表逐出）。1999年8月15日，為配合李登輝的「特殊兩國論」的宣示，台灣執政黨當局透過尼加拉瓜等12個友邦，向聯合國提出「審視中華民國在台灣所處之特殊國際處境，以確保其兩千二百萬人民參與聯合國

之基本權利獲得完全尊重」之提案。雖然未獲通過，但此次提案文中未彈「一個中國」舊調，首次強調兩岸為「不同而分離的政府統治」，也算是一個突破。

總之，當年的2758決議案是決定中國代表權問題，不是決定台灣主權問題，該決議並非決定中華人民共和國對台灣的領土主權。今後台灣要進入聯合國，並不是以「重返聯合國」去代表中國，而是應以一個新的主權獨立國家申請加入聯合國。台灣只有名符其實的用「台灣」名義，申請加入聯合國，才有可能被考慮。

【基本參考資料】

◆戴天昭著，李明峻譯，《台灣國際政治史》，1996，台北，前衛出版社。
◆許介鱗，《台灣史記》，1996，台北，文英堂出版社。
◆許慶雄、陳國雄，《聯合國與台灣共和國》，1997，台北，建國黨印行。
◆高朝，《中華民國外交關係之演變》，1993，台北，五南圖書公司。

80 蔣經國組閣

1972年5月，蔣經國當上行政院長，開始了「蔣經國時代」。

1972年（民國61年）5月，蔣介石和嚴家淦就任中華民國第5任正副總統。就任當天，蔣介石提名他的兒子，原行政院副院長蔣經國為行政院長，5月26日在立法院以未曾有過的最高得票率──93.38%──獲得同意。這一年蔣介石已經85歲，蔣經國63歲，垂垂老矣的蔣介石，總算安心地將棒子交給兒子，「蔣經國時代」從此開始。

從歷史跡象中觀察，我們可以確信，早在蔣介石逃退到台灣時，就開始有計畫地栽培兒子蔣經國的勢力，從情報、治安系統起，橫跨黨、政、軍各方面，為他佈置適當的基礎，以便他有朝一日能夠「子承父業」。試看蔣經國到台灣之後一路攀升的經歷：

1949年到台灣任國民黨省黨部主委。

1950年3月任國防部總政治作戰部主任；8月兼任國民黨中央改造委員會委員。

1952年10月當選國民黨中常委；10月31日「中國青年反共救國團」成立，出任主任（團長為蔣介石）。

1954年3月總統府「機要資料組」改為「國防最高會議」，設有「國家安全局」，9月任國防會議副秘書長。

1956年，任行政院退除役官兵輔導委員會主委。

1957年10月當選國民黨中常委。

1958年7月任行政院政務委員。

1963年9月6日訪美；11月當選國民黨中常委。

1964年任國防部副部長。

1965年1月13日升任國防部長，9月19日訪美。

1966年4月24日訪韓。

1967年11月26日訪日。

1969年2月24日訪韓，3月當選國民黨中常委，5月12日以總統特使身分訪泰國，6月任行政院副院長，兼財經委員會主委。

1970年4月18日四度訪美，4月24日在紐約遇台獨青年黃文雄、鄭自才行刺，免於難。

1972年5月29日經立法院同意通過，出任行政院長。

蔣經國就任行政院長時在致詞中說：「個人突出的時代已過，只有集體的思考、計畫、努力、創造，才能完成時代的任務。」實際上，在蔣經國時代來臨後，「個人突出的時代」並沒有過去，看過他的經歷就不難理解，此時黨、政、軍、特的各脈絡各環節，已經完全在蔣經國的主導

之下。所以，連保守派的政治學者也都不得不承認，「從1972年蔣經國先生擔任行政院長到1978年競選總統止，台灣政治型態本質上仍是威權主義色彩極濃的政體，情治單位的勢力無孔不入，一元化思想教育的『制約』，使在野政治人物的活動空間極為狹隘，除了選舉時有孤星式的抗爭之外，根本是威權統治的典型。」（彭懷恩語）

雖然威權統治的本質未變，不過，蔣經國也不是「三年無改於父道」。蔣經國的主政，與他父親蔣介石的作風有所不同，最明顯的是，被稱為「本土化」的開始。

例如，蔣經國時代開始起用台籍政治

時任行政院長的蔣經國巡視十大建設之一的中國鋼鐵公司，並爬到一座火爐上視察。（中央社提供）

菁英，讓台籍人士嶄露頭角。以前，台籍人士能進入內閣的，只有蔡培火、連震東兩人。蔣經國初任行政院長立即大幅度更動人事，且大量任用台籍人士入閣。副院長首度由台籍人士擔任（徐慶鐘）。16名閣員當中，有6名台籍人士，除前述的徐慶鐘外，尚有林金生（內政部）、高玉樹（交通部）、連震東（政務委員）、李連春（政務委員）、李登輝（政務委員）等，還有台北市長張豐緒。省主席也由台籍的謝東閔出任。過去台灣省主席清一色都由外省人擔任，而且多為軍人；從蔣經國時代起，開始起用台省籍人士擔任（謝之後，分別有林洋港、李登輝、邱創煥等人相繼任省主席，都是由蔣經國提拔）。

再者，較諸蔣介石，蔣經國顯然不再執迷於「反攻大陸」，而能夠以較務實的態度來進行台灣的建設。蔣介石放太多的財力物力精力在「反攻大陸」的政治神話上，使得許多社會民生建設都要「等反攻大陸之後再說」。蔣經國顯然知道非留在台灣不可了，所以加緊落實在台灣的建設。1973年12月16日他提出5年內完成「十大建設」的計畫，包括南北高速公路、桃園國際機場、台中港、鐵路電氣化、北迴鐵路、蘇澳港、煉鋼廠、造船廠、石油化學工業和核能發電廠。他當時喊出一句口號：「這些建設，今天不做，明天會後悔。」這種話，顯然是只知道「少康中興」「田單復國」的蔣介石不可能喊出來的。十項建設的大部分，果然在「台灣經濟奇蹟」上面發揮了重要的作用。

蔣經國上台的時機，台灣正處於內外壓力交加的環境。對外，剛退出聯合國，

許多國家（包括日本）相繼斷交；對內，經濟情勢隨著外交的挫敗而不穩定。蔣經國上台那一年（1972），申請移民的人數較往年增加8倍，資金外流嚴重。1973年又碰到第一次石油危機，全球性的經濟衰退震撼了靠外貿起家的台灣。1974年的經濟成長率僅1.1%，比預期的9.5%相差甚遠；而工業成長率竟為－4.5%，比預期的14.2%差距更大；當年的通貨膨脹高達47.8%，經濟市場呈現空前的混亂。而十大建設順利地推動，配合當時國際經濟情況漸趨好轉，台灣渡過石油危機，經濟成長率到1975年升至4.2%，1976年達13.5%，創空前的記錄；工業成長率也由1975年的8.5%升至1976年的24.4%；通貨膨脹重新降回10%以內。

蔣經國時代還有一項重要的變革，那就是開放「增額中央民意代表選舉」。台灣在50、60年代的選舉，因為受所謂「動員戡亂」體制的限制，最高層次只能選到省議員和縣市長，不能改選中央民意代表。但是經過20年的不改選，台灣的國會（立法院、監察院和國民大會）已經成為全世界老人密度最高的地方了，國會的老化不解決不行，因此蔣經國時代開始，透過修改「動員戡亂時期臨時條款」，自1972年底起，有了「增額」的中央民意代表選舉，雖然只佔國會總額的小部份，不能發揮什麼大作用，卻也為台灣的民主運動多提供了一條跑道。

1975年4月5日，88歲的蔣介石總統病逝，嚴家淦副總統繼任總統。蔣經國則在當月28日當選國民黨黨主席，成為黨的領袖，政治實權也已在其運籌帷幄之中。

1978年第6任總統選舉之前，「謙沖為懷」的嚴家淦表示不競選連任，向國民黨中常會建議提名蔣經國為總統候選人。蔣經國「當仁不讓」，於3月21日經國民大會選舉當選總統，他挑選的謝東閔，次日當選副總統。新的「蔣總統」一出來，以前的老「蔣總統」就被官方稱為「先總統 蔣公」。

【基本參考資料】
◆彭懷恩，〈蔣經國革新保台〉，載《蔣經國變法維新》（風雲論壇18），1987.4.15，台北，風雲論壇社。
◆風雲論壇編，《中華民國內閣名人錄》，1988，台北，風雲論壇社。
◆蔡省三、曹雲霞，《蔣經國系史話》，1988，香港，利通圖書公司。
◆伊原吉之助，《台灣の政治改革年表・覺書》（1943～1987），1992，帝塚山大學教養學部。

81 鄉土文學論戰

1977年到78年之間,台灣的文化界掀起一陣有關「鄉土文學」的論戰。雖是一場文學觀的爭論,卻涵蓋著政治、經濟的意識型態的思想論戰。

70年代「鄉土文學」之名噪起,一直到1977年爆發的「鄉土文學論戰」,這是台灣文學發展史上一次重大的文學事件,支持者與反對者爭論著鄉土文學的內涵以及台灣文學的走向,壁壘分明。這個運動或被視為一場意識型態的代理戰,或代表著一次本土文學定位的歸位,但無疑地,在文學旗幟的動員下,台灣社會包括經濟、政治、文化、教育各層面都受到洗禮與衝擊,得到了反省與發展的機會。

談到「鄉土文學論戰」,早在日據時代的1930年代初也曾經出現過。當時黃石輝發表〈怎樣不提倡鄉土文學〉,以「你是台灣人,你頭戴台灣天,腳踏台灣地,眼睛所看的是台灣的狀況,耳孔所聽見的是台灣的消息,時間所歷的亦是台灣的經驗,嘴裡所說的亦是台灣的語言」為前提,主張「用台灣話作文、用台灣話作詩、用台灣話作小說用台灣話做歌謠,描寫台灣的事務」。不過有一派人士如朱點人、廖毓文(漢臣)等人反對鄉土文學,認為其內容過於氾濫,沒有時代性、階級性,也不知屬於何種形式,尤其,他們不主張用台灣白話寫作,因為台灣話文分歧不一,粗雜難表,所以他們主張以中國白話文來普及。

這兩派論戰,爭論數年,沒有結果。

1970年代的鄉土文學論戰的性質,與前述的論戰內涵不完全一樣。

國民黨撤退台灣後,進行全方位的掌控,文藝創作方面也有一套官方政策,提倡「反共文學」,鼓吹「戰鬥文藝」。例如,1954年(民國43年)1月國軍推動軍中文藝運動,標舉建立時代化、大眾化、革命化、戰鬥化的民族文藝。同年8月,在「中國文藝協會」的主導下,文教界也發動「文化清潔運動」,發表「除三害」宣言,要清除文化界的赤色、黃色和黑色的毒。蔣介石總統也號召對抗中共文化統戰,要求推展「健康的」戰鬥文藝。為了響應蔣介石的號召,於是文藝界中喜歡奉迎的人掀起了一陣戰鬥聲。1955年3月,《軍中文藝》月刊推出「戰鬥文藝筆談特輯」,4月《文藝月報》雜誌也推出「戰鬥文藝理論專輯」。5月4日,「中國文藝協會」舉行成立5週年紀念,發表「戰鬥!戰鬥!再戰鬥!」的「文藝戰鬥宣言」,宣稱要擴大文藝的戰鬥力量。這些「文藝」活動,都有著極明顯的統治者的官方色彩,都是配合著50年代蔣政權的「反共抗俄」「反攻大陸」政策而動作。與日據時代末期,配合日本人的

「大東亞聖戰」而寫的「皇民文學」，本質上並無二致。

除了這套軍中戰鬥文藝的「反共文學」之外，50、60年代的台灣文壇，也有不少人擺脫官方制約，從事現代主義的文學創作，其中難免受西方文學、哲學思潮的影響，在寫作技巧、價值取向上，師法西方者不少。夾雜在「反共文學」與「西化派文學」之間的台灣本土作家，只是「在蒼白的大地上迸出來的綠意」（彭瑞金語）。吳濁流於1964年所創辦，一直慘淡經營的《台灣文藝》，也許算是當時的一小片綠地代表吧！

鄉土文學論戰產生的特殊時空背景，根據文學史家的歸類，約為以下幾個方面：一、動盪的時局：包括1970年11月的「釣魚台事件」、1971年「退出聯合國」、1972年尼克森訪問中國，同年日台斷交，到1978年美國承認中共等等國際情勢的逆轉，台灣國際地位日形孤立，同時海峽兩岸的領導人蔣介石、毛澤東分別於1975、1976年相繼過世。二、經濟發展的榮面：由於外資的進入，跨國企業的增加，台灣的經濟體制邁向更自由化與國際化。從60-70年代，台灣人口增加1.7倍，國民總生產毛額增到12倍。這些成長與繁榮幫助台灣通過政局動盪與石油危機的考驗；然而，企業資本的經濟體制也造成台灣社會中貧富階級、勞資糾紛、環境污染等問題渦流隱現。三、當代主流文學的趨勢：50年代反共懷鄉文學的精神延續，以及60年代西化移植文學的創作傾向，出現了僵化、虛幻的文學圖景，這與實際生活和廣大民眾的距離遙遠，這些現象、衝擊使得國人痛心正視，產生反省。於是，向現實紮根、回歸鄉土的呼聲高熾。

1965年，葉石濤曾發表〈台灣的鄉土文學〉於《文星》雜誌，提出「台灣」與「鄉土」相互關連的觀點。70年代初期開始，鍾肇政繼他的「濁流三部曲」之後，

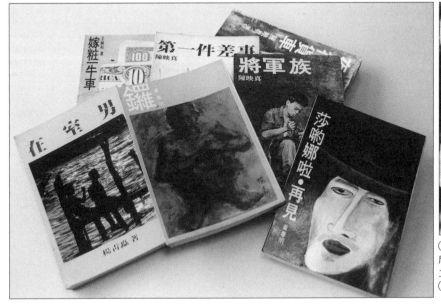

（上）鍾肇政從歷史取材，完成多部台灣長河小說，為鄉土文學先驅。
（左）鄉土文學代表作書影。

陸續完成「台灣人三部曲」的長河小說，他從台灣歷史取材，反映台灣人的抗爭精神。60年代末、70年代之間，許多反映當時台灣社會（尤其描寫從農業進入工業社會的台灣）的作品，開始多起來，例如黃春明的《莎喲娜啦·再見！》《鑼》《兒子的大玩偶》《小寡婦》；陳映眞的《第一件差事》《將軍族》；王禎和的《嫁妝一牛車》；王拓的《金水嬸》《望君早歸》；楊青矗的《在室男》《工廠人》等等。這些「漫寫人間困苦情」的社會寫實作品，看在一些以統治者的文藝政策爲依歸的「主流」文人眼中，是相當「不健康」的，而且是在「醜化社會」。

討伐之聲開始出現了。1976年初何言寫了〈啊！社會文學〉，9月，朱炎的〈我對鄉土文學的看法〉，認爲「大陸和台灣本爲一體」，呼籲「作家必須擴大視野」。華夏子提倡「三民主義文學」，建議「不可醜化社會」。1977年5月，葉石濤在《夏潮》發表〈台灣鄉土文學史導論〉，主張台灣的鄉土文學應該是以「台灣爲中心」寫出來的作品。國民黨的軍方作家朱西甯則以〈回歸何處?如何回歸?〉抨擊鄉土文學說：「在這片曾被日本佔領經營半個世紀的鄉土，其對民族文化的忠誠度和精純度如何？」同時，銀正雄批評王拓的小說〈墳地哪來的鐘聲?〉是一種普羅文學；《中央日報》總主筆彭歌從8月17日起在《聯合報》上發表〈不談人性，何有文學?〉一文，點名批判王拓、陳映眞及尉天驄等三人，指責他們「不辨善惡，只講階級」，和共產黨的階級理論掛上鉤；8月20日余光中也在《聯合報》上發表〈狼來了〉一文，引述毛澤東的〈在延安文藝座談會的講話〉，指責台灣的鄉土文學作家的創作觀點，與延安的「工農兵文藝」路線，「實似有些暗合之處」。並說「北京未聞有三民主義文學，台北街頭可見工農兵文學，台灣的文化界眞夠大方。說不定，有一天工農兵文藝還會在台北得獎呢！」

彭歌和余光中兩文一出，許多指責鄉土文學是在「揭露社會內部矛盾」「別有用心」的文章，紛紛出籠。國府官方及所謂兩大報，從1977年7月15日到11月24日截止共有58篇文章攻擊鄉土文學。8月29日爲此召開第二次文藝會談，270多人參加，但是凡「有問題」的作家都未被邀請。嚴家淦出面大聲疾呼「堅持反共文藝立場」。王拓、陳映眞、尉天驄皆有所反擊，陳映眞提出「文化上精神上對西方的附庸化，殖民地化—這是我們三十年來精神生活的突出特點」，因此主張「建立民族風格的文學」。尉天驄主張「個人才具的有無發展，決定於他是否合於整個民族的喜怒哀樂」。至於在反映現實上，陳映眞主張日據時代的台灣文學作品是在「強烈地表現了整個近代中國抵抗帝國主義的歷史場景」下，「勇於面對當時最尖銳的政治、經濟、社會和文化諸問題，」；王拓、尉天驄等人反對貴族文學的無病呻吟。

1978年1月18~19日，在台北召開的「國軍文藝大會」上，楚崧秋期待文學界要平心靜氣、求眞求實，共同發揚中華民族文藝；總政戰部主任王昇則強調要團結鄉土，鄉土之愛，擴大了就是國家之愛、民族之愛。這次大會意味著官方對鄉土文學的批判的終止。

此次鄉土文學論戰之後，關懷本土、回歸鄉土的主張，形成一股風潮。除了對文壇創作產生影響之外，其他電影、美術也受影響。最明顯而立即反應的是，當時掀起一股「唱自己的歌」的「民歌」風潮。例如淡江文理學院（今淡江大學）有李雙澤、楊祖珺帶頭唱自創的歌曲，他們向那些專門介紹西洋熱門音樂的主持人（如陶曉清）質問「為什麼不唱自己的歌？」

今天回顧那段歷史，我們必須很謹慎地掌握當時的時空脈絡。當時的「鄉土」或「本土」，大抵上有三層意義，一、以「中國」為一個單位，相對於西方而言。創作必須立足於這個以中國為單位的「本土」，不要老是以西方人（尤其是美國人）的技巧、價值、原則、內容為指標。在這個「本土」的意義上，台灣是被放在中國的單位裡面來思考的。這種思考，以陳映真為代表（王拓、尉天驄等人也沒有反對台灣文學是中國文學的一支的看法）；第二種「鄉土」「本土」的意義，是以「台灣」為一個單位，相對於「中國」以及「西方」而言，這種思考的人，格於當時戒嚴環境，不能太明顯的表露；第三個「鄉土」的意義，是從社會階級來思考，以社會底層的農工大眾為基點，相對於資本家及統治者的上層社會而言。強調文學創作應該多反映社會底層的生活。

以上三種「本土」的意義，各有人在心中自己選擇，自己把持，易言之，在「本土」或「鄉土」的相同符號下，各把各的號，各吹各的調。也因此，我們今天回顧當年被劃歸在「鄉土文學」陣營裡的人，都有今天的「統派」和「獨派」人士。

然而，歷史的發展經常顯得很弔詭。不論如何定義「本土」或「鄉土」，台灣的現實必然是本土或鄉土關懷的起點，因此使得過去國民黨統治當局所歧視、壓抑的台灣語言、歌謠等文化內涵，開始被肯定。尤其描寫社會普羅大眾的文學，更必然會讓台灣最草根的文化內容呈現出來，讓人感受到這個草根的文化內涵，與國民黨的教育及主流媒體所灌輸的那一套中國文化有所歧異。漸漸地，「本土」「鄉土」的意識，開始落實到以台灣為單位的意義上。

經歷1980年代到了90年代，「本土」或「鄉土」的意義，已經被集中到以「台灣」為單位，相對於「中國」而言。這樣的台灣本土意識的浮現，可能是當年強調鄉土文學的部份大中國主義者所始料未及的吧？

【基本參考資料】
◆葉石濤，《台灣文學史綱》，1987，高雄，著者印行。
◆彭瑞金，《台灣新文學運動40年》，1991，台北，自立報系出版部。
◆尉天驄，《鄉土文學討論集》，1978，台北，遠景出版社。

82 台灣基督長老教會發表人權宣言

1977年在台灣的民主與獨立運動史上，是很重要的關鍵年。這一年的8月16日，台灣基督長老教會發表〈人權宣言〉，顧請政府使台灣成為一個新而獨立的國家。

台灣基督長老教會在台灣傳道有一段不短的歷史。1865年英國長老教會開始在台南傳教，馬雅各（Dr. James L. Maxwell）是初任台灣的宣教師；1872年，加拿大長老教會的馬偕（George Leslie Mackay）也來到淡水佈道，這是台灣北部基督教事業的開端（詳見本書第24節〈近代西教與近

代醫學入台〉）。所以基督長老教會比國民黨早80年進入台灣。

西方傳進的基督長老教會，沒有殘害台灣人，反而有相當的本土化，在台灣母語的保護與發揚方面，貢獻也很大；反觀進入台灣的國民黨政權，不僅在台灣大肆掠奪，並造成二二八大屠殺，以及長期的白色恐怖政治，對台灣的本土母語也極盡摧殘之能事。所以，已經相當本土化、站在台灣人立場的台灣基督長老教會，勢必與外來統治者角色的國民黨統治當局形成對立的局面。再加以長老教派具有喀爾文派改革宗不受政治權威控制的傳統，因此，長老教會不可能扮演國民黨政權的搖尾角色。

1971年（民國60年）10月25日，國民黨政權代表被逐出聯合國，同年尼克森發表即將訪北京的消息。台灣基督長老教會於12月29日發表〈台灣基督長老教會對國是的聲明與建議〉：

「反對任何國家罔顧台灣地區一千五百萬人民的人權與意志，只顧私利而作出任何違反人權的決定。人權既是上帝所賜予，人民自有權利決定他們自己的命運。」

他們並建議政府「徹底革新內政以維

發起「台灣基督徒自覺運動」的黃彰輝牧師（左），與高俊明牧師合影。

護我國在國際間的聲譽與地位」「於全國統一之前能在自由地區作中央民意代表的全面改選」。

1973年3月20日，海外一批台灣長老教會牧師黃彰輝、黃武東等人，在美國發起「台灣基督徒自決運動」。

1975年1月，泰雅語聖經遭國民黨治安人員沒收；接著，台語聖經也遭沒收。

1977年8月16日，美國國務卿范錫訪問中國北京的前夕，台灣基督長老教會發表了一份〈人權宣言〉，表示：

「面臨中共企圖併吞台灣之際，基於我們的信仰及聯合國人權宣言，我們堅決主張：『台灣的將來應由台灣一千七百萬住民決定。』我們向有關國家，特別向美國國民及政府，並全世界教會緊急呼籲，採取最有效的步驟，支持我們的呼聲。為達成台灣人民獨立及自由的願望，我們促請政府於此國際危急之際，面對現實，採取有效措施，使台灣成為一個新而獨立的國家。」

長老教會的〈人權宣言〉，是島內以團體形式公開發出台灣獨立聲音的頭一遭，引起執政當局以及大中國民族主義者相當大的疑慮，反駁及攻擊的文字相繼而來。由於長老教會歷史悠久，人多勢眾，並沒有受到更進一步的政治懲罰。除長老

由於《台灣教會公報》刊登許多主張獨立與民主的言論，不見容於當局，屢次被查扣，1987年3月11日，教會人士齊聚於台南市政府前，抗議警方侵入台南市教會公報社，扣押該會刊物。（宋隆泉攝）

教會的宣言之外，在政治高壓下，一般言論仍不敢倡言台灣獨立。

〈人權宣言〉發表後，北部教會領導人士反對通過接納〈人權宣言〉為總會文件，指責總會中「少數份子」假教會之名，對外擅自發表主張，並謂應以基督徒愛國的責任，擁護政府國策。但不久，第25屆總會通常年會中，以235票贊成，49票反對，10棄權，通過接納〈人權宣言〉為總會正式文件。並且高俊明牧師亦以255票（總數312票）當選連任總幹事。

長老教會的〈人權宣言〉發表的3個月後，台灣舉辦五項公職人員選舉，「黨外」開始串聯，選舉中爆發「中壢事件」。台灣民主政治運動進入新的階段，長老教會的政治關心與表現，確實發揮著催化劑的作用。所以，1977年在台灣的民主與獨立運動史上，是很重要的關鍵年。而台灣基督長老教會的〈人權宣言〉，也成為台灣民主獨立運動史上一份極為重要的文件。

另外，台灣基督長老教會所辦的《台灣教會公報》不但是台灣史上最早的報紙，而且對台灣的民主化和獨立運動，發揮了社會教育的作用，是研究台灣民主運動和獨立運動史不可忽略的重要史料。

馬克斯曾說，「宗教是人民的鴉片」，但是對台灣基督長老教會而言剛好相反。當國民黨統治當局對台灣人民灌輸政治鴉片時，長老教會一直忙著為台灣人民解毒。

【基本參考資料】

◆董芳苑，〈論長老教會與台灣的現代化〉，載《台灣近百年史論文集》，1995，台北，吳三連台灣史料基金會印行。

◆黃昭弘，〈台灣基督長老教會對當前台灣政治問題的主張〉，載洪鎌德主編，《跨世紀的台灣何去何從？》，1995，現代學術研究基金會印行。

◆潘克寬，〈長老教會在黨外運動中的角色〉，載《透視黨外勢力》，1983.12，「風雲論壇」。

◆李筱峰，《台灣民主運動40年》，1987，台北，自立晚報出版部

83 中壢事件

1977年11月舉行五項公職選舉，「黨外」候選人透過選舉而串聯；開票當天，爆發群眾暴動的「中壢事件」。

透過選舉而逐漸凝聚起來的「黨外」運動，到了1977年（民國66年）規模頓形龐大，而發展出全島性的串聯。促成這次串聯的契機，是這年11月中所舉辦的五項地方公職選舉，推動全島串聯的重要人物是康寧祥和黃信介兩位黨外立委。此次選舉，全島多處以「黨外」名義競選者頗多。選舉活動即將展開時，康寧祥邀請黃信介一起巡迴全島助講。由於有康、黃兩人在選舉期間從南到北全島巡迴助選，助長了黨外人士全島性的串聯。

這次選舉，是台灣實施地方自治以來，規模最大的一次地方選舉，參與的民眾之多、情緒之高，前所未見，其中以高雄市、高雄縣、雲林縣、桃園縣、台中市、南投縣、宜蘭縣、台南市的選情最為激烈。若以民主運動發展的歷史來看，其中三個地區所激起的選舉熱潮，最具意義：張俊宏離開台北市，回去他的故鄉南投縣參加省議員的選舉；林義雄也回宜蘭縣選省議員；許信良則脫離國民黨，參加桃園縣的選舉。他們三人，被執政黨當局列為選戰中的頭號戰敵，因此這三個地區也成為全島選戰中的焦點。而影響全島選局、最具歷史關鍵性的地區，莫過許信良

在桃園縣所掀起的縣長選舉風潮。

留學英國、原本與張俊宏同樣任職國民黨中央黨部第四組的許信良，在省議員任內曾經在爭取降低田賦、提高穀價及學生保險等事項，有極傑出的表現。1977年4月，他出版《風雨之聲》一書，收集他四年內在省議會的重要質詢，並且在書中對他的省議員同仁做了一次無情的分類與剖析，大大觸怒了省議會內的同仁，受到同仁們群起而攻。國民黨黨部也知道許信良出版此書是準備投入縣長選舉的聲明，對他防範有加。國民黨最後提名歐憲瑜，而沒有提名許信良，許於是違紀競選，終被國民黨開除黨籍。許信良堅持參選到底，

並發表被開除黨籍的聲明，其中說：「吾名雖不列中國國民黨黨籍，吾心願長為中國國民黨黨員。」選舉期間，桃園縣民情

中壢事件前的許信良。

中壢警局前面尚未散去的民眾。（莊萬壽攝影‧提供）

中壢事件過後的餘燼。（莊萬壽攝影‧提供）

激昂，大有劍拔弩張之勢。許多具有理想色彩的大學生、研究生如林正杰、范巽綠、楊奇芬、陳國祥、張富忠等人都投入許信良的選戰中。由於選情激烈，因而在開票當天（11月19日），發生了「中壢事件」──當天設在中壢國小的投票所，發生選舉舞弊嫌疑情事，群眾湧向中壢分局要求桃園地檢處檢察官處理，當局不理群眾，一味拖延，引起了一萬多名民眾包圍中壢警際分局抗議處理選務糾紛不公，憤怒的群眾搗毀警局窗戶，掀翻警車，警察開槍，不幸擊斃中央大學學生江文國及青年張治平，晚上8時，憤怒的民眾遂焚燒警局及警車。這是自1957年的「劉自然事件」之後一次大規模的群眾暴動事件，也是台灣民眾第一次自發性以集體行動方式，公開對抗選舉舞弊。群眾暴動發生時，北區警總的司令官曾會晤許信良競選總幹事許國泰，並要求許國泰出面勸民眾解散，警總的司令官告訴許國泰說：「如果民眾解散，我們保證許信良可以當選。」許國泰回答：「民眾又不是我叫來的，為什麼是由我叫他們解散？戒嚴司令是你，不是我；再說，許信良能不能當選，要看他得票夠不夠，怎麼是你能決定的呢？」

事發時，據說國民黨主席蔣經國親自坐鎮到桃園縣黨部了解狀況，並下令各地開票要照規矩來，以免其他地方也發生類似暴動，會難以收拾。

許信良在這次劍拔弩張的選舉中，以壓倒性的票數，當

選桃園縣長。其他各地的「黨外」及無黨籍候選人，也紛紛當選。綜觀這次五項公職選舉結果，黨外及無黨籍頗有斬獲：在縣市長方面有4人當選——桃園縣許信良，台中市曾文坡、台南市蘇南成（他當時以無黨籍身分參選）、高雄市黃友仁；在省議員方面有21席——基隆市周滄淵、台北縣陳金德、邱益三、桃園縣黃玉嬌、新竹縣陳天錫、苗栗縣傅文政、台中縣洪振宗、林漢周、台中市何春木、彰化縣洪木村、南投縣張俊宏、雲林縣蘇洪月嬌、張賢東、嘉義縣林樂善、台南縣蔡江琳、台南市蔡介雄、高雄縣余陳月瑛、高市趙繡娃、施鐘響、屏東縣邱連輝、宜蘭縣林義雄；在台北市議員方面有6席——林文郎、徐明德、康水木、王昆和、陳勝宏、陳怡榮。

經過1977年11月這次五項公職選舉之後，黨外不再是過去那種異議分子的孤軍獨鬥，而逐漸形成一種「政團」的雛形，並且開始稍微掌握到地方行政的影響力。霧峰的省議會也開始熱鬧起來，成為新聞記者們「新聞眼」的焦點所在。30年來的政治禁忌，被黨外議員尖銳的質詢層層突破，其中尤以林義雄、張俊宏兩人在省議會中的活躍表現，問政層次的提高，引起海內外的矚目。

中壢事件使部分黨外運動者察覺到群眾力量的存在，認為民心可用；但也使部分黨外運動者意識到群眾行為所隱藏的內在危險性。因此，自《台灣政論》開始起，由康寧祥和黃信介所連線形成的黨外運動領導主軸，經此事件後逐漸呈現鬆散的現象，使得「黨外」陣營在串連凝聚的同時，出現「群眾路線」與「議會路線」的分歧。

這個逐漸凝結出來的「黨外」政團，往後如何發展，讓我們再繼續觀察。

【基本參考資料】
◆李筱峰，《台灣民主運動40年》，1987，台北，自立晚報出版部。
◆許信良，《風雨之聲—省議會四年的回顧》，1977，著者印行。
◆林正杰、張富忠，《選舉萬歲》，1978，著者印行。
◆泰石，《選戰風雲》，1978，台北，長橋出版社。
◆許榮淑編，《張俊宏‧林義雄問政實錄》，1980，編者印行。

84 台美斷交 / 中美建交

1978年12月16日凌晨2點，新聞局副局長宋楚瑜叫醒在睡夢中的蔣經國總統，告知華盛頓與北京已同時宣布，於明年1月1日起正式建交，並與台灣的中華民國斷交，且廢止共同防禦條約。

1978年（民國67年）年底，正當「增額中央民意代表」的選舉熱烈進行之際，12月16日，美國總統卡特宣布，美國將於1979年1月1日起與中華人民共和國建立完全的外交關係，並將終止美國與台灣的共同防禦條約。這就是台灣國民黨當局慣稱的「中美斷交」事件。事實上，中美不但沒有「斷交」，而是建交。美國要斷交的對象，不是中國（中華人民共和國），而是台灣的當局。這是繼退出聯合國之後，蔣政權又一次重大的外交慘敗。

在韓戰以後的五○年代，美國對共產世界採取圍堵政策，因此對於在台灣的蔣介石的反共政權相當支持，提供軍事與經濟的援助；在越戰如火如荼的六○年代裡，美國的甘迺迪政府和其後的詹森政府，對於台灣仍採既定的支持政策。不過，若干政策依據的假設理論已經有了變化，北京中共政權不再被認為短期內即將崩潰，而且中國與蘇俄之間開始也有了摩擦（到了1969年，為了中俄邊界問題，中共軍隊在邊界與蘇俄軍隊發生衝突，爆發了「珍寶島」事件）。中、蘇、美的三角關係有了轉化的徵兆，必然也會牽動台、美、中的三角關係的改變。

雖然到了六○年代的末期，美國仍然固守著六○年代甘迺迪和詹森政府對台灣當局所作的承諾，但是美國的中國政策終於開始起變化。1969年1月，尼克森政府上台後，決定自同年7月緩和對中國的旅行限制和產品的購入限制，表現對中國接近的意思。12月11日，中斷兩年的美中官方接觸，於華沙中國大使館恢復。1970年2月18日，尼克森在外交咨文中表示「在七○年代的國際政局中，繼續孤立中國，並不能維持真正的和平。」於1971年2月25日的外交咨文中，雖然尼克森表示美國將繼續保證與國府的條約約定，但已將「共產中國」的字眼改以正式國名「中華人民共和國」來稱呼。3月6日，助理國務卿格林（Marshall Green）在記者會上表示，「排除中國，將不可能進行國際對話和解決國際問題」，闡明美國政府希望與中國改善關係的立場。

另一方面，由於中蘇之間出現摩擦，北京當局也開始重新檢討中美關係的基本結構。雖然美國曾因介入高棉戰爭使得中美關係再度冷卻，但因第25屆（1970）聯合國大會各國的動向，以及中南半島戰爭的固定化，以及美軍也確實依「尼克森主

義」撤退，使愛面子的北京政府保住威信與顏面，因此中美關係開始有新的進展。

1971年，中美兩國以第31屆世界杯桌球賽爲契機，展開劃時代的「乒乓外交」。北京政府邀請美國桌球隊、記者團訪問中國。4月16日，尼克森公開表示希望能在任內訪問中國。7月9日，美國總統特別助理季辛吉（Henry Kissinger）突然從訪問的巴基斯坦潛入中國，在北京與中國總理周恩來進行會談，周恩來並正式邀請尼克森訪問中國，尼克森隨後也表明接受的態度。同年10月25日，台灣蔣政權的代表被逐出聯合國，在此之前，美國一直期待能以「兩個中國」的方式，同意北京的中華人民共和國進入聯合國，也讓台灣的「中華民國」能留在聯合國，但不僅是抱持「漢賊不兩立」僵硬觀念的蔣介石不接受，國際環境也已經時不我與。

1972年2月21日，尼克森終於抵達北京。他與中國總理周恩來長談，也與毛澤東交換意見。2月27日，尼周在上海發表聯合公報，雙方表示「兩國關係的正常化，不但對兩國人民有利，而且對亞洲及世界的緊張局勢有所助益」。3天後，美國助理國務卿格林來台，說明美國信守對同盟國的條約是美國長久以來的外交政策，並表示美國獎勵其企業來台投資，美國輸出入銀行將繼續給予台灣大量融資，以擴大美國在台的銀行業務。6月5日，美國參議院外交委員會通過對台軍事援助案，這表示美國雖然一方面想與中華人民共和國建立正常關係，但另一方面也不想放棄台灣的戰略地位。

1973年2月，季辛吉與周恩來達成協議，互設聯絡辦事處，北京駐華盛頓的聯絡處人員還享有外交豁免權。同年11月14日，季辛吉與周恩來發表公報，載明中國與美國的關係正常化，只有在確認一個中國的原則基礎上才能實現。對此，蔣政權的駐美大使沈劍虹特別拜會季辛吉，詢問美國對台政策。季辛吉表示，在任何情況下，美國都不會放棄對防衛台灣所作的條約承諾。但是當沈大使問及美國與台灣的外交關係如何？季辛吉沈默未答。顯然，美國想腳踏兩條船，但正式的名份要給中國，對台灣則仍不放棄實質的保障。

1974年8月尼克森因水門案下台，由福特繼任。1975年12月，福特走訪北京，曾向鄧小平承諾他若獲得連任，將以日本模式來解決台灣問題，所謂「日本模式」亦即和台灣當局斷交，但仍維持非官方的接觸，保持實質的經貿關係。

1976年福特落選，由民主黨的卡特當選美國總統。雖然總統換黨，但卡特仍繼續執行尼克森時代對中國關係正常化的政策。他認定，台灣問題是美國與中國關係正常化時必須解決的第一個問題。1977年5月12日，卡特向新聞界發表他對此一問題的態度：美國與中國關係正常化將不設時限，但他不願意看到台灣人民遭到中共的攻擊或殘害。10天後，他在聖母大學的演講中說到：「過去由於我們對共產主義的恐懼，使得我們去接受那些恐懼共產主義的法西斯獨裁者。由於我們對前途深具信心，我們現在已不再恐懼共產主義...」卡特並表示美國今後要化干戈爲玉帛，他說「美國和中國的關係是美國全球政策的重要因素」。

青年學生到外交部前面抗議美國卡特政府的「出賣」行為。(中央社提供)

　　1977年底，蘇聯入侵阿富汗，翌年4月扶持阿富汗親蘇的政權，蘇聯的擴張使美國大受威脅，更加亟欲拉攏中國。1978年5月20日，卡特派國家安全顧問布里辛斯基（Brzeinski）訪問北京，向鄧小平表示美國的決心已下，美國與中國的建交工作在祕密中進行。12月13日，鄧小平接見美國駐北京聯絡處主任伍考克（Leonard Woodcock），表示接受美國方面關於希望和平解決台灣問題、與台灣斷交後繼續保持非官方關係。雙方建交的預備工作至此已大致完成。

　　1978年12月16日凌晨2點，台灣的新聞局副局長宋楚瑜叫醒在睡夢中的蔣經國總統，告知華盛頓與北京已同時宣布，於明年1月1日起正式建交，並與台灣的中華民國斷交，且廢止共同防禦條約。3時之前，美國駐台北的大使安克志（Leonard Unger）也將此消息通知蔣經國。隔天，蔣經國發表談話，對美國承認「匪偽政權」提出最嚴重抗議，並且下令停止正在進行的增額中央民意代表的一切選舉活動。

　　消息傳來，台灣民情激昂，16日當天就有數百名群眾聚集台北圓山美軍俱樂部前，砸損小轎車13輛，並打破門窗玻璃。全國各公私立大專院校分別在校內發起簽

通往美國大使館的中華路遭封閉，以防民眾向美使館聚集。(莊萬壽攝影‧提供)

並授權保持美國與在台灣的人民之間的商務、文化以及增進美國的外交關係，以及其他目的。」該法第二條提到美國的政策有明文規定：「1.保持與增進美國人民與台灣人民、中國人民及西太平洋地區所有其他人民間的廣泛、密切、友好的商業、文化與其他關係；3.澄清美國與中華人民共和國之間建立外交關係的決策，乃是基於一項期望，即台灣之未來將以和平手段解決；4.認定任何以和平以外之手段解決台灣之未來的努力，包括抵制及禁運在內，均為對西太平洋地區之威脅，且為美國所嚴重關切；5.提供防禦性武器給予台灣；6.維持美國之能力，以抗拒任何足以危及台灣人民的安全，或社會、經濟制度之強制行動。」

名捐獻活動，以示支持政府譴責美國背信毀約的決心。27日，美國總統派來台北的協商代表副國務卿克里斯多夫抵達台北，遭青年學生投擲雞蛋、石塊以示抗議。其中有許多學生，平日對國際現勢一無所知，只習慣於蔣政權的政治口號、不曾對蔣政權的僵硬外交政策與政治迷思做過反省與檢討，此時卻在學校教官的慫恿或帶領下，義憤填膺，為國出氣。

美國與台灣當局斷交後，改設「美國在台協會」於台北，台灣當局則設「北美事務協調委員會」為駐美機構。

為彌補台美斷交之後所造成的安全漏洞，美國國會另立一國內法〈台灣關係法〉，提供台灣具備足夠的自衛能力，明列美國總統與國會磋商，依憲法程序因應台海危機。1979年4月10日卡特簽署〈台灣關係法〉，其立法主旨稱：「本法乃為協助維護西太平洋地區維持和平、安定與穩定，

台美斷交消息一出，康寧祥競選總部貼出緊急通告海報，呼籲大家冷靜。(莊萬壽攝影‧提供)

美國與台灣當局斷交後，骨牌效應跟著反應，台灣當局的邦交國大幅減少，且都是一些小國。這家廟宇慶典中的萬國旗也變成如此這般。

【基本參考資料】
◆戴天昭著，李明峻譯，《台灣國際政治史》，1996，台北，前衛出版社。
◆邵宗海，《1949年以來中美關係之研究》，1986年，台北，時報文化出版公司。
◆許介鱗，《戰後台灣史記》，1996，台北，文英堂出版社。

　　中國北京當局爲貶抑〈台灣關係法〉的效力，於1982年與美國達成「817公報」，節制美國對台軍售在質與量的發展。美國雖在公報中承諾無意追求「兩個中國」或「一中一台」政策，但雷根政府透過科技轉移，協助台灣發展「經國號」戰機，然而美國對台軍售確實逐年下降，直到1992年布希總統宣布出售F16戰機給台灣。布希的決定使「817公報」名存實亡。

　　從「上海公報」、「美中建交公報」到「817公報」，雖然美國同意不採用「兩個中國」或「一中一台」政策，但更重要的是，美國強調台灣問題應以和平方式解決，不得對台使用武力，以維持世界和平。美國知道，實際上台灣已是獨立於中國北京政權的管轄之外，雖然不支持台灣獨立，台灣事實上已是獨立，所以眞正的作用乃在於「不得以武力解決台灣問題」的這一前提。

85 橋頭示威

1978年底，增額中央民意代表的選舉因美國宣布斷交而中止，黨外人士擬藉慶祝余登發生日而聚會，不意爆發余登發父子被捕案。1979年1月22日，黨外人士齊集橋頭鄉示威遊行抗議，引發一連串的後續發展。

經過1977年黨外的串聯以及省議會內問政的熱潮，更加激發了新人投入「黨外」陣容。1978年年底又逢中央民意代表的選舉，有多位高學歷的知識分子如呂秀蓮、姚嘉文、陳鼓應、黃煌雄、張德銘、陳婉貞、王拓等人投入。

1978年（民國67年）9月下旬起，準備投入中央民意代表選舉的呂秀蓮、陳婉貞、王拓等人，便陸續舉辦選前的募款餐會。立委黃信介於王拓餐會中宣佈黨外人士決定組成「台灣黨外人士助選團」，巡迴全省各地助選。10月31日，「台灣黨外人士助選團」向各候選人提出「十二大政治建設」作為黨外候選人的共同政見，內容摘要如下：「1.徹底遵守憲法：中央民意代表全面改選；省市長直接民選；軍隊國家化；司法獨立化；各級法院改隸司法院；廢除違警罰法；思想學術超然化，禁止黨派黨工控制學校；言論出版自由，修改出版法，開放報紙雜誌；參政自由化，開放黨禁；旅行自由化，開放國外觀光旅行。2.解除戒嚴令。3.尊重人格尊嚴，禁止刑求、非法逮捕和囚禁，禁止侵犯民宅和破壞隱私權。4.實施全民醫療及失業保險。5.廢除保障資本家的假保護企業政

策。6.興建長期低利貸款國民住宅。7.廢止田賦，以保證價格無限制收購稻穀，實施農業保險。8.制定勞動基準法，屬行勞工法，承認勞工對資方的集體談判權。9.補助漁民改善漁村環境，建立合理經銷制度，保障漁民的安全和生活。10.制定防止環境污染法和國家賠償法。11.反對省籍和語言歧視，反對限制電視方言節目時間。12.大赦政治犯，反對對出獄政治犯及其家族的法律、經濟和社會的歧視。」

這些政見，在今天看來，許多都已經付諸實現，乃稀鬆平常之事，但是在當年的環境裡，提出這些主張是要冒著相當危險的。

11月間，參選的黨外候選人張德銘、陳鼓應、楊青矗、姚嘉文、黃煌雄、康寧祥、何文振等，亦都分別以多種名義舉辦餐會，發表政治演講，並藉各餐會的舉行，宣佈「黨外助選團」的籌備情形。11月24日，「全省黨外助選團」總部成立。繼募款餐會後，「台灣黨外人士助選團」於選戰活動的前三天（12月5日），在台北中山堂召開一次大規模的座談會，這是三十年來聚集在野政治人物最大規模的一次公開活動。會議由黃信介、姚嘉文、黃玉

嬌主持，康寧祥、張俊宏發表專題演講。會中唱「國歌」時，由於司儀要求與會者將歌詞中的「吾黨所宗」改為「吾民所宗」，引起不請自來的所謂「反共義士」勞政武等人出面抗議，發生吵架，此即所謂的「中山堂事件」。此後的黨外集會，便不再有唱「國歌」（其實是中國國民黨黨歌）的儀式了。

此次中央民意代表的選舉，在助選團的鼓動下熱烈展開，黨內外激烈對峙的局勢更甚於去年。然而，12月16日，正當競選活動激烈進行的時候，美國總統卡特突然宣佈自明年元月起正式與中華人民共和國建交。當日，總統蔣經國發佈緊急處分令，將選舉延期舉行，即日起停止競選活動。

早在10月25日，黨外助選團總部召開一個「黨外人士國是會議」，發表一份連署聲明書，重申「堅決擁護民主憲政，反對暴力，熱愛和平」的基本立場，並提出10項呼籲，內容與共同政見大致雷同，聲明最後提出「我們的目標」說：「在國際強權的縱橫捭闔下，我們的命運已面臨被出賣的危機，所以我們不得不率直地申說：我們反對任何強權支配其他國家人民的命運，我們堅決主張台灣的命運應由一千七百萬人民來決定。」這份聲明書，由余登發帶頭簽署，總計有70人簽名。

選舉活動雖然中止，但是「黨外」的運動卻反而進入多事之秋。由於選舉活動停止，使得黨外政治參與管道又受阻，於是轉向街頭發展。1979年，黨外的運動繼續承襲斷交以前的運動型式，以室外集會的街頭群眾運動為主要運作方式。這一連

高雄黑派首腦余登發。（許伯鑫攝）

串的街頭運動，與一位居於被動地位的關鍵人物——余登發——大有關係。原來，黨外運動自從「中壢事件」後，以「康—黃」連線的領導軸線開始呈現鬆弛現象，在1978年的這場未完成的選舉中，黨外的部分核心分子拉不攏「康—黃」這條軸線，遂轉而向黨外前輩黃順興請求出面領導，但亦為黃所婉謝，於是又轉而找到高雄地方黑派的首腦余登發。這位曾經當選制憲國大代表、橋頭鄉鄉長、高雄縣長的地方領袖，此時已年屆75歲。選舉暫停後，全島一千多名黨外知名人士預備在1979年的2月初，齊集鳳山為余登發舉辦生日晚會。詎料，生日晚會還來不及辦，1月21日，警備總部派員將余登發、余瑞言父子逮捕，理由是「涉嫌參與匪諜吳泰安叛亂」。這不是9年前「雷震案」的翻版嗎？

余登發父子被捕翌日（1月22日），黨外人士緊急聚會，共同發表〈為余氏父子被捕告全國同胞書〉，指出「……國民黨當局在與美斷交後，中止增額中央民意代表選舉已是明顯地違反民主憲政的措施，但為顧及全民團結的意願，我們均已容忍。

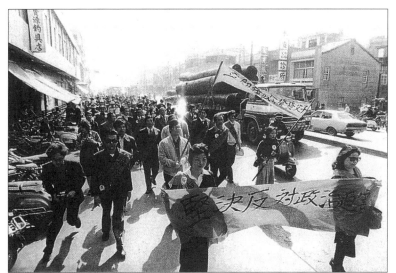
拿抗議布條的兩位女士分別是(右)陳菊、(左)陳婉真；桃園縣長許信良因參加此次遊行示威，被監察院彈劾，遭停職處分。（陳博文攝）

現在國民黨當局卻在全民一致要求改革聲中，以莫須有的罪名逮捕了素為民眾所敬重的余登發先生父子，這種軍事統治與特務統治傾向的加強，以及政治迫害的手段，都是我們絕對無法容忍，而堅決反對到底的。」

當天下午，黨外人士們終於走上街頭，齊集在高雄縣橋頭鄉（余登發的家鄉），舉行了一次示威遊行，公然向實施30年的戒嚴法挑戰。參加者約30多人，他們沿街散發傳單，張貼標語，這是國民黨政府遷台以來第一次政治性的示威遊行。

在這次示威遊行中，桃園縣長許信良也南下參加。3天後（1月25日），台灣省政府以「廢弛縣長職務」為由，將許信良送請監察院查察。4月20日，監察院通過許信良彈劾案，指稱「桃園縣長許信良擅離職守，簽署汙蔑政府之不當文件，參與非法遊行活動，並違法助選，證據確鑿，均有

違法失職之嫌，將予依法彈劾。」此案於監察院通過之後，移送公務員懲戒委員會。最後，許信良終遭該委員會處以「停職」處分，於7月1日生效。

許信良遭彈劾後，又引起黨外人士的進一步反彈。5月26日，他們在中壢鳳仙飯店舉行「許信良生日晚會」，吸引2萬民眾與會。黨外人士紛紛發表演講，痛斥余案、許案的政治迫害，軍警單位動員鎮暴部隊封鎖現場。這次群眾聚會係非選舉期間首次群眾聚會，也是對戒嚴法的一大挑戰，黨外群眾運動自此更加熱絡起來。

6月以後，「中央民意代表選舉黨外候選人聯誼會」成立，繼而舉辦各地的群眾演講，所以，1979年的前8個月，因余案、許案以及「聯誼會」所舉辦的黨外活動，多得使民眾目不暇給。每次活動，情治單位都如臨大敵，派出大批員警及鎮暴部隊，嚴陣以待，氣氛相當緊張。這些熱烈又緊張的氣氛，一直延續到年底，爆發了「美麗島事件」。

【基本參考資料】
◆詳見李筱峰，《台灣民主運動40年》，1987，台北，自立晚報出版部。

86 美麗島事件（高雄事件）

1979年12月10日《美麗島》雜誌的黨外人士在高雄舉辦紀念世界人權日的群眾大會，發生了警民衝突事件。警備總部藉此機會進行全島大逮捕，多人被判重刑。

「黨外」運動到了1979年（民國68年）上半年，由於余登發父子被捕、橋頭示威遊行、許信良遭停職、「黨外候選人聯誼會」的抗爭活動，一連串的情事與活動接踵而來（詳見本書前節〈橋頭示威〉），台灣的街頭更加熱烈起來，一連串的街頭抗爭活動，都直接向戒嚴令挑戰，因此，朝野之間形成劍拔弩張之勢。

就在這種緊張的氣氛中，「黨外」陣營中有兩本重要的雜誌分別在6月和8月創刊。這兩本雜誌代表著當時黨外運動的兩條路線—由康寧祥、陳永興所籌備的《八

1979年6月與8月分別創刊的兩本「黨外」雜誌《八十年代》與《美麗島》，代表著美麗島事件前「黨外」運動的兩種路線。

十年代》雜誌，於6月間創刊。這份月刊由康寧祥任發行人，司馬文武（江春男）擔任總編輯，幕後糾合一群大專院校的學者與新聞界的記者，從事批判性的論政，但沒有與群眾直接結合；兩個月後，以黃信介為發行人，許信良為社長，黃天福、呂秀蓮為副社長，張俊宏為總編輯的《美麗島》雜誌，也相繼問世。《美麗島》雜誌以社委的型式組成，在實質上具有政黨政治的雛形，網羅了全台各地的黨外人物。從9月8日在中泰賓館舉辦盛大的創刊酒會後，又接著在全台各大城市分別設立分社及服務處，每在一地成立服務處，便在該地展開群眾性演講會。《美麗島》雜誌社一連串群眾聚會，引起國內部分以所謂「反共義士」為首的極右派人士不滿，在9月8日創刊酒會時，雙方便發生了正面衝突，即所謂「中泰賓館事件」。

11月間及12月初，黃信介的家宅，及多處《美麗島》雜誌的服務處，相繼遭到一些不明身分的青年前來騷擾恐嚇。這種尖銳的兩極對立，大有「山雨欲來風滿樓」之勢。

12月10日—這個全世界自由國

1979年12月10日晚上，民眾高舉火把參加《美麗島》雜誌社在高雄舉辦的「國際人權日」紀念大會。（中央社提供）

憲警將群眾包圍，終於爆發衝突。（中央社提供）

況且，12月10日這天，正逢國民黨四中全會揭幕，當局並刻意安排「春元七號冬防演習」於這一天開始實施，因此更不容許黨外人士向權威挑戰，然而美麗島人士志在必行，於是當局派出大批軍警嚴陣以待。控制演講現場的施明德在得知原預訂演講地點（大統百貨公司前的扶輪公園）已為憲警所封鎖，乃將演講場所改在新興區大圓環，強行舉行，吸引了數以萬計的群眾。雖然黃信介在當天下午已與警總南區司令常持琇取得協議——基本上演講會已無法叫停，可以照常舉行，但遊行的火把不可點燃，應該取消。然而，激進亢奮的群眾，此時已不是協議所能約束控制。當「出發前往演講」的人群中，有人私自點燃火把，而形同「持火把遊行」時，治安單位認定《美麗島》人士失信，以火把遊行，於是將警戒區縮小，開出了鎮暴車，擺出了鎮暴隊形，整個大圓環內衝突的氣氛升高了，被圍在鎮暴部隊內的民眾人心惶惶，終於釀成一場警民大衝突。這次大衝突的結果，約有近百名憲警受傷，民眾受傷人數則沒有可靠的統計數字。

家都尊重的「國際人權日」，對台灣而言，卻是一個痛創的日子一終於來臨。該日晚間，《美麗島》人士如期在高雄市舉辦國際人權日紀念大會。這次紀念大會，事先並沒有獲得執行戒嚴令的治安單位許可，

12月12日下午5時，《美麗島》雜誌社舉行記者會，由黃信介、張俊宏、姚嘉

軍事大審判，前排左起黃信介、姚嘉文、林弘宣，後排左起張俊宏、陳菊、施明德及呂秀蓮。（中央社提供）

文、施明德對10日高雄事件加以說明。認為美麗島雜誌人員並沒有動手打人，而是憲警人員封鎖道路，並使用催淚瓦斯，而與情緒激動的群眾發生衝突（這種說法，與後來陳若曦回國為美麗島人員請命時向蔣經國總統報告的「未暴先鎮」的說法近似）。然而翌（13）日清晨，治安單位採取霹靂行動，逮捕美麗島首要人員：張俊宏、姚嘉文、陳菊、呂秀蓮、林義雄、王拓、楊青矗、周平德、紀萬生、陳忠信、魏廷朝、張富忠、邱奕彬、蘇秋鎮。施明德在逃。當天警總檢查官並查封美麗島雜誌社及各地服務處。

翌（14）日，警總行文立法院，經立法院同意，逮捕立委黃信介。其後，警總又陸續逮捕相關人員約數十人。施明德經過月餘的藏匿之後，也於翌年（1980年）元月8日被捕。施明德逃亡期間，協助其逃

亡並藏匿他的台灣基督長老教會的高俊明牧師，以及林文珍、張溫鷹、施瑞雲等多人亦受累被捕。

1980年2月20日，高雄事件在押人犯經軍事檢查官偵察完畢，其中黃信介、施明德、林義雄、姚嘉文、陳菊、呂秀蓮、張俊宏、林弘宣八人以「叛亂罪」提起公訴；周平德、魏廷朝、王拓、楊青矗、陳忠信、邱垂貞、戴振耀、邱茂男、范政祐、蔡有全、吳文賢、陳博文、張富忠、許天賢、紀萬生、蔡垂和、余阿興、李明憲、范巽綠…等共37人移送司法機關偵辦。

更令人震驚的是，正在進行美麗島軍事大審的期間，1980年2月28日上午，林義雄家宅發生慘絕人寰的滅門大血案！林母及兩個雙生女兒林亮均、林亭均慘遭不明身分的兇手潛入家中殺害，大女兒林奐均被殺成重傷。這件滅門血案震驚海內外，使得整個黨外運動在挫折之中，更跌入哀傷的谷底。

4月18日，警備總部軍事法庭判決施明德無期徒刑，黃信介14年徒刑、姚嘉文、張俊宏、林義雄、呂秀蓮、陳菊、林弘宣各處有期徒刑12年。

雖然美麗島事件使得歷經十年艱辛凝聚而出的「黨外」政團，在一夕之間幾乎土崩瓦解，但是這次全島性的大搜捕，卻震動全島，許多過去不關心政治的民眾，

林義雄夫婦與母親（左一）和女兒（中立者為林奐均、兩位雙生女為林亮均、林亭均）於林家血案發生前不久合影。此情可待成追憶，林家為了台灣政治付出了悲慘的代價。

猛然驚醒，開始思索台灣到底發生什麼事？尤其隨之而來的大規模軍事審判（1980年3月18日起為期9天），更為台灣民眾關心政治的熱度投下了催化劑。由於此案備受國際矚目（美國參議員愛德華·甘迺迪甚至發表對此事件的聲明，列入美國國會紀錄），國際知名新聞媒體都派員來台採訪。執政當局為表開明，對於此次軍事大審的新聞採訪，不像以往作太多的限制與操縱，因此各大報皆能以全版，甚至數版的篇幅，充份報導審訊的過程。每一位被告在法庭上的答辯，經由報端披露之後，引起社會大眾對台灣政治問題的思考，也造成人心更大的震撼。

由於審訊的重點，不是放在「與軍警衝突」的事件上，而是提昇到「叛亂」、「主張台灣獨立」的高政治層面，因此每一位被告的答辯，都對台灣的政治問題提出他們的「政見」，且充分顯露出他們關切台灣前途的心情。許多過去因大眾傳播媒體的自主性受限，而無法讓廣泛民眾接觸到的政治訊息與見解，都經由這次的軍法大審與新聞報導，呈現在台灣民眾之前，提供了台灣民眾「腦力激盪」的機會。這次的軍事大審，無異給台灣民眾帶來了一次印象深刻的「政治教育」，也由於有這次政治教育，使得在翌年的中央民意代表選戰中，重新出發的黨外候選人多能從挫敗中恢復元氣，重新整合而進入新的階段。這種情形，與日據時代發生的「治警事件」頗為相似──1923年底，日本當局以「違反治安警察法」為由，對當時正從事「議會設置請願運動」的菁英分子作全島性的大搜捕，震動全台，促使台灣民氣更加高昂，才使其後文化協會的巡迴演講趨於高潮，獲得民眾的熱烈支持。「治警事件」與「美麗島事件」在歷史上有其類似的意義。

美麗島事件雖然使《美麗島》政團在頃刻間潰散，但是隨之而來的大規模軍法與司法審判，卻引出了一批辯護律師。這一群學有專精的律師，由於承辦這次的案件，使他們從幕後走到幕前，紛紛投入黨外運動，成為美麗島事件後黨外反對運動的名角。像陳水扁、謝長廷、尤清、江鵬堅、蘇貞昌、張俊雄、李勝雄、郭吉仁等人，都是在擔任美麗島辯護律師之後，因緣際會，投入政治運動的行列。

1980年底，恢復兩年前未完成的選舉。美麗島受刑人家屬有多人參選，姚嘉

美麗島事件軍法大審辯護律師合影。前排左起郭吉仁、李勝雄、高瑞錚、鄭慶隆、江鵬堅、張政雄、金輔政；後排左起鄭勝助、尤清、陳水扁、張俊雄、蘇貞昌、謝長廷、呂傳勝。在承辦美麗島事件的案子後，他們之中有多人投入民主運動，成為往後台灣政壇上的要角。

文之妻周清玉、張俊宏之妻許榮淑、黃信介胞弟黃天福，分別高票當選立法委員及國大代表，康寧祥也獲高票連任。黃煌雄，以及曾經於大審前為美麗島被告奔走張羅辯護律師的張德銘，也都當選立法委員。而後，美麗島被告的辯護律師尤清，也獲得黨外省議員五票的支持，當選監察委員。由於受刑人家屬的高票當選，以及辯護律師尤清的步上政途，鼓舞了後來黨外選舉運動中受刑人家屬與辯護律師更多人的參選。反對運動的陣容，增添了這批新血，使反對運動的素質更加提昇，這或許是統治當局在運用鎮制力（Coercive power）來打擊美麗島黨外人士之前所萬萬沒想到的。

更值得一提的是，由於黨外運動出現了更多秀異分子，使得執政黨為了因應黨外的新秀，不能不培養一些形象較好的新生代出來應付黨外，趙少康、郁慕明、李勝峰等所謂「形象牌」乃應運而生。歷史上若沒有洪秀全的出現，就沒有曾國藩等人的崛起，同理，趙少康與謝長廷，似乎也有著這樣的共生關係。

此外，美麗島事件也刺激了文化界的反省而「培育」了多位「新」手，例如：曾經陶醉兒女文學的「碧竹」，也因美麗島事件的刺激，以及林義雄家宅命案的打擊，而蛻化成腳踏鄉土、關懷臺灣的「林雙不」；宋澤萊也顯然在美麗島事件之後，更加積極提倡本土文學及「人權文學」，凡此，也說明了美麗島事件對文化人的影響。事件之後臺灣文化界的走向，傾向於對本土與人權的更加肯定，這是美麗島事件的又一影響。

【基本參考資料】

◆呂秀蓮，《重審美麗島》，1991，著者發行。

◆李筱峰，《台灣民主運動40年》，1987，台北，自立晚報出版部。

87 新竹科學工業園區成立

為了加速台灣的產業升級，1980年12月15日「新竹科學工業園區」正式成立，成為台灣高科技的工業重鎮。

台灣的經濟發展，從1950年代的進口替代，歷經60年代、70年代的出口擴張，到了80年代之後，台灣經濟朝向發展高科技工業，工業產品朝資本密集、技術密集轉化。

由於台灣的經濟發展面臨一些新的課題，諸如工資的提高、地價的上漲、環保成本的增加，造成產業外移；加以國際保護主義的抬頭，台幣升值……等，台灣不僅要面對勞力密集、出口導向的開發中國家的急起直追，而且也要與開發國家高科技產業競爭。因此，必須推動產業升級，與相互配合的措施，才能帶動經濟的持續發展。1980年（民國69年）12月15日正式成立的「新竹科學工業園區」便是在這個時空需要下應運而生。

新竹科學工業園區創設的宗旨在建立及孕育我國高科技產業發展基地，塑造高品質的研發、生產、工作、生活、休閒的人性化環境。新竹科學工業園區內有經濟發展的條件、培育高級人才的設施、衛星工業的相輔相成，交織成一個發展科技工業的環境。政府透過科學工業園區的設置，把政府的相關管理機構集中設置在同一園區中，以提昇對於民間高科技產業的行政服務效率、持續高度成長，進而支撐國內經濟發展，成就了一個政府的實例。

這座科學園區，從粗略的區域整體計畫，以至細部工程計畫、工程施工、公共設施和廠房住宅建築，均由國人自行負責完成。

新竹科學工業園區是台灣高科技工業重鎮。

預估未來台灣晶圓代工的產能將佔有全球百分之
五十以上的市場佔有率。（中國時報資料照片）

園區內有三所國家級實驗室，分別為
國家高速電腦中心、同步輻射研究中心及
國家太空計畫實驗室，其他支援研究單位
包括精密儀器發展中心和晶片設計製造中
心；另有設在交通大學的毫米元件實驗室
等單位。這些研究單位皆與園區廠商密切
合作，進行研發工作。歸國學人在園區發
展中扮演舉足輕重的角色，學人回國共同
創立的公司累計達109家，人數也超過3000
人，所帶回的科技與理念也在園區內生根
發展。重視研究發展是園區的重要特色之
一。

「新竹科學園區」自成立至1998年底，
18年來，政府共投入180億元經費於科學園
區的軟、硬體建設，提供高科技產業集中
發展的空間。至1998年底為止，累計入區
的高科技公司有272家設立，其中國內公司

222家，國外公司50家；產業計分積體電
路、電腦及週邊、通訊、光電、精密機械
和生物技術六類，創造一年高達4550億元
營業額，成長率13.8%；累計實收資本5106
億元，國內資金佔90.1％，國外資金佔
9.9％。

1999年9月21日台灣發生集集大地震，
新竹科學園區因停電而蒙受損失，引起國
際重視。日本媒體大幅報導指出，新竹科
學園區停擺一天相當於50億美元的損失，
其恢復進度影響全世界個人電腦正常供
應，可見竹科在台灣乃至於全球高科技產
業的地位。

由於新竹科學園區的成果的鼓舞，第
二座科學園區「台南科學園區」也開始籌
備，以傳承新竹園區的經驗與基礎，呈現
北—新竹、南—台南核心科學園區運作的
模式。1998年7月1日，台南科學工業園區
籌備處正式進駐地跨台南縣新市鄉與善化
鎮的台南科學園區，展開服務，希望藉此
帶動南台灣製造業的轉型與升級，我們馨
香禱祝，拭目以待。

【基本參考資料】
◆《科學工業園區》，1999，新竹，科學工
業園區管理局編印。
◆錦繡出版社編輯部，《台灣全記錄》，
1990，台北，錦繡出版社。

88 台灣原住民族權利促進會成立

1984年12月29日「台灣原住民族權利促進會」正式成立，原住民族運動以組織化的型態就此展開。

台灣的原住民族運動，真正有系統、有組織地串聯原住民族的力量，以原住民族權利為號召的行動的時間，僅十多年而已。近年來在發展的過程中，台灣的原住民族運動透過國際原住民團體的經驗及資訊的交流、互動，已有著相當大的變遷，

其累積力量也有相當的成長。

於1984年（民國73年）12月29日成立，屬於原住民族最大的反對運動團體「台灣原住民族權利促進會」，具有指標性的意義，象徵著原住民權利促進邁向一個新的紀元。1987年「原權會」發表〈台灣

台灣原住民族還我土地運動。（許伯鑫攝）

原住民族權利宣言〉的17個條款強調：「台灣原住民與台灣漢人是不同的族群」，「原住民是台灣的主人」等措詞，原住民希望藉由這些宣言取得當時社會大眾的重視，並且也希望藉著民族歷史的受迫害及文化滅亡的危機，來喚起全體原住民族的民族意識。雖然這些強烈的意識未受當時媒體及社會的廣泛重視，但宣言對以後的原住民族運動具有引導性的作用。

　　1988年8月25日，來自全島2000多名原住民，為爭取其土地權，身著傳統服飾，高喊「為求生存，還我土地」，遊行於台北

1994年原住民還我土地運動，以「正名、土地、自治」為口號。（許伯鑫攝）

街頭，是所謂第一次「台灣原住民族還我土地運動」。然而，經過一年的期待與等待，1989年9月20日再次為爭取土地權而走向街頭，是所謂「第二次還我土地運動」。再經過四年期待和運動組織轉型，1993年12月10日世界人權日，也是聯合國所定「國際原住民年」的尾聲，再次進行「反侵佔，爭生存，還我土地」的大遊行，是所謂第三次還我土地運動。三次抗爭示威大遊行，是原住民族歷年來各項抗爭活動參與最廣的運動。另外，1992年原住民族運動團體提出了針對憲法的「原住民族條款」，其中包含了四項訴求：（1）山胞正名為原住民；（2）保障土地權；（3）設立部會級專責機構；（4）原住民自治等要求。

　　檢視這些要求，第一項「山胞」正名為「原住民」，無須任何工本，卻也經過一段時日才獲當局首肯，但是民間受漢族沙文主義遺毒仍深，胡亂罵人「番」者，仍時有所聞；至於第三項的要求，長久以來，處理原住民族事務的機構，只是隸屬於內政部的三級單位，直到1996年總統大選前，行政院長連戰口頭承諾設置原住民機構，同年11月1日，立法院通過「原住民委員會組織條例」（這是第一部與原住民族相關的完整法案），歷經12年的原住民族運動，至此總算有了一個部會級的機構來統籌原住民族的事務。但究其成果，仍相當有限，形式意義大於實質意義。至於其他的保障土地權，和原住民自治權，因牽動結構性的變化，影響許多人的既得利益，恐怕不是短期內可實現。

　　原住民是台灣最早的主人，理當受到

公平的對待；台灣要建立新的國家，更應該發揮原住民族的特色。然而，三、四百年來原住民備受外來移民與外來政權的欺壓與摧殘，失去其原有的地位。更由於長期受外來勢力的制約，本身的抗拒能力也消失，甚至連原住民族運動都不盡然受原住民族本身的支持。自學生時代就從事山地服務的陳永興，在花蓮縣長的選舉中，竟然得不到原住民鄉鎮的支持，就是一例。

然而真正疼愛台灣的人，不論原漢，都不該因此灰心，也不該逃避問題。誠如社會學者張茂桂教授的感嘆和提醒：「歷史似乎不斷重演：十七世紀台灣『平埔』各社，縱橫台灣西部平原，基本上是自給的先住民族，到十八世紀前期開始，平埔各大社先後被清廷與漢人之墾殖武力、資本、文明的聯合優勢，先後擊潰，到二十世紀初期日本人統治台灣時，幾乎已經不存在完整的平埔諸社；今天，『平埔』已經只是後人追悼憑念的、偶然或有族群復振運動出現的『失落族群』；而當代原住民，現今所稱『黃昏族群』面臨的所有問題，從社會解組、土地流失、貧窮、受大社會之種族歧視，回顧清領台灣時期，幾乎都曾一再出現。…歷史告訴我們，我們不能把『受害者』的問題歸於『受害者』，而必須找出『加害』的結構性問題，要解決台灣原住民的普遍歷史困境，必須回到台灣原住民『原鄉淪陷』，包括土地以及文化，這個根本的原因之上。而台灣原住民，不論政府精英、原運領袖、部落有識之士，恐怕須先有自我覺醒，形成集體、多面向、多方位的連結，才可能打破這樣

外來的、國家的、種族的、資本的壓力所形成的歷史枷鎖。」

【基本參考資料】
◆麗依京・尤瑪主編，《台灣原住民民族權・人權學術研討會論文集》，1998，台北市政府原住民事務委員會。

89 勞動基準法實施

1984年7月19日，立法院通過勞動基準法。勞工的基本生存權、工作權終於有了最起碼的保障。

勞工本應擁有勞動三權—組織權、協商權、爭議權。勞工有權組織自主性工會，以便和雇主進行團體協商，以訂定協約，如果協商不成，則給予勞工某種爭議的權利，如罷工等。給予勞動三權的主要用意，在於勞工和雇主相較之下是處於弱勢，爲了保障勞工，應給予勞動三權，使勞資雙方的力量能夠平衡。

然而，由於台灣過去處於「非常時期」的戒嚴狀態，勞工的勞動三權被徹底的限制與禁止。在軍事戒嚴體制下，台灣勞工沒有充分爲自己抗爭請命的權利，無法如西方自由競爭企業，以集體談判制度做爲經濟勢力均衡的自動調整。過去，有關單位在處理勞資糾紛時，每每偏袒資方。工人違法，馬上處分；老闆違法，往往避重就輕，大事化小，小事化無。例如，70年代末，有桃園某食品工廠延長工作時間每月達200小時（超出規定46小時的3倍多），引起工人不滿，但有關單位僅以「訓誡」方式要求今後不能再發生如此大的糾紛而了事。監委陶百川也曾舉出這樣的情事—「高雄公路局一個工會負責人，因爲要求改善工人待遇，結果待遇是改善了（足見要求正當），而他卻被以流氓管訓在外島」。

工會本來是由工人組織起來，爲爭取並維護工人的利益而設立的。工會必須對外獨立，對內民主，不受外力控制。工會幹部必須以民主的方式、自由競選產生。工會的財務也必須自主。雖然過去表面上台灣有各級工會，但是都由官方所操控，甚至以資本家出任工會的主要負責人。工會的實際內容極爲貧乏，除了有關勞工福利活動之外，實際上的效果幾乎等於零，而且變質爲完全聽命於統治政權的御用工會。戰後三、四十年來，地方產業工會一律不加入縣市總工會，而由國民黨產業黨部直接指揮各級產業工會。

因此，勞資雙方極爲不平等、不公平。關於勞工的解僱與勞動條件，完全由企業決定，勞工毫無參與的餘地。

從法律層面看，規範勞動三權的有關法規，〈工會法〉、〈團體協約法〉、〈勞資爭議處理法〉，都是國民黨政府在中國大陸時代所制定實施，當時的法律實施範圍並不包括台灣，而是針對大陸環境而設。雖然來台後經過修訂，但主要結構仍沿襲四、五十年前的勞資關係架構，與台灣的新環境並不完全適合。在勞工保護立法方面，戰後40年僅制定了〈勞工保險條例〉

（1958），與〈勞工安全衛生法〉（1974），但幾乎無成效可言。而相反的，限制勞工三種權利的立法措施如〈戡亂時期勞資糾紛處理辦法〉（1947）等卻優先通過，實質發揮了限制工會活動和保護企業活動的效果。所以持平而論，在台灣「經濟奇蹟」的背後，犧牲了相當多的勞工利益，女工的犧牲更大。

在此情況下，勞工的不安與不滿日益表面化。隨著在野的民主運動的發展，1980年代以降，勞工運動也逐漸熱絡起來，勞資糾紛有逐年增加的傾向，糾紛件數也自1984年以後明顯增加。這一年由於煤礦災變頻出，悲慘的災況使輿論譁然。同年7月，國民黨當局終於決定啟封已經被擱置10年的〈勞動基準法〉，開始比較有實效地保護勞工。1984年（民國73年）7月19日，立法院通過〈勞動基準法〉。

〈勞動基準法〉內容包括勞動契約、工資、工作時間和休息休假、童工女工、退休、災害補償、技術生產、工作規則、監督與檢查、罰則等。翌年（1985年）2月14日，行政院通過「勞動基準法施行細則」，於3月1日起正式施行。

勞基法的實施固然是一大進步，不過仍有許多缺憾，例如施行細則中有關勞工退休金及資遣費的計算標準，採分段給付的方式，未能盡符勞基法的立法原意。而勞工最基本的「勞動三權」，也「無法」透過勞基法落實。

女性勞工權益常被忽視。圖為新竹遠東紡織廠的勞工抗爭。（許伯鑫攝）

勞動基準法最初適用以製造業為主的產業，但從1985年實施勞基法之後，十多年來的台灣產業環境有相當的變遷，如金融、保險、百貨等服務業相關行業的員工人數劇增，已經超過傳統製造業，這些服務業勞工並未納入勞基法保障。然而，一方面由於服務業業主不願意因為員工納入勞基法而提高人事成本，另一方面也因為服務業與製造業性質迥然不同，原先為製造業量身訂製的勞基法不能完全適用於服務業，服務業員工因此遲遲未能納入勞基法的保障。經過勞工團體的不斷抗爭，立法院最後在1996年12月修改有關工時、女工深夜加班，以及退休金等部份條文後，立法規定今後「一切有勞雇關係」的勞工，都將受勞基法保障。

由於勞基法的實施，加以1987年的解除戒嚴，勞資糾紛事件頻仍，例如1987年7月下旬，基隆碼頭工人發動集體罷工；1988年2月農曆過年之前，一些大企業如台

苗栗客運司機罷工，集體到勞委會門口過夜、抗議，
這是勞工團體第一次露宿街頭進行抗爭。（許伯鑫攝）

個能讓弱勢者吐露心聲的社會，才是一個有情有義的社會，也才是一個真正的民主社會。這樣的民主社會，可以讓社會底層的悶氣隨時釋放能量，以免日積月累釀成大地震，真正的社會安定盡在其中矣。

灣塑膠公司、裕隆汽車、桃園客運等一再因為年終獎金的數額問題發生勞資糾紛；1988年3月26日，全國總工會的會員大會上，一部份工會對於12名40年未曾改選的理事提出激烈的抗議，一向聽命於官方的御用總工會開始面臨挑戰；同月29日，鐵路局的400名火車司機「集體休假」，齊集台北火車站前的天成飯店，舉行要求提高待遇的集會；8月1日起，苗栗客運的230名員工高喊改善待遇的口號，進行長達3週左右的罷工，這是台灣有史以來最長的一次罷工。

多數的勞資糾紛，原因都是企業方面不遵守勞基法所引起，加上解嚴之後，工會的組成、勞工運動的自由化、勞工人權意識的抬頭，有以致之。表面上看來，似乎增加不少社會的「亂象」，但是，「只有穿鞋的人才知道自己鞋子夾腳的所在」。一

【基本參考資料】
◆陶百川，《人權呼應》，1979，台北，遠景出版社。
◆張國興，《台灣戰後勞工問題》，1991，台北，現代學術研究基金會印行。
◆劉進慶、若林正丈、松永正義編著，《台灣百科》，日本東京，大修館書店。
◆陳世哲，〈當前勞工問題剖析〉，載《政策》月刊，48期，1999.7月，中國國民黨中央委員會政策研究工作會出版。

90 民主進步黨成立

「黨外」政團經過十幾年的醞釀，終於在1986年9月28日，「黨外中央後援會」於臺北圓山飯店召開的候選人推薦會中，正式成立「民主進步黨」，向屬行黨禁達四十年的國民黨當局作歷史性的挑戰！

在歷經美麗島事件後，許多「黨外」菁英銀鐺入獄，不過，卻引出一批辯護律師和受刑人的家屬，他們接起「黨外」的香火，像浴火後的鳳凰，更加亮麗。經過幾次的選舉，黨外的陣營更加擴大，最後終於闖過戒嚴法，組成「民主進步黨」。讓我們扼要回顧這段邁向組黨的歷程。

1981年（民國70年）11月中的地方選舉，在立委康寧祥、費希平、許榮淑、張德銘，國代周清玉、黃天福等人的推動下，黨外在各縣市舉辦「黨外候選人推薦會」，類似政黨的提名，開始顯現出政黨的雛形。經這次選舉，擔任美麗島被告辯護律師的蘇貞昌、謝長廷、陳水扁分別當選省議員及台北市議員。新生代的游錫堃、林正杰，也自此崛起。

經過兩次選舉，各色各樣的黨外政治性雜誌紛紛出現，是美麗島事件後黨外運動的一大特色。這些雜誌，有許多是擔任公職的民意代表所創辦，例如：周清玉辦《關懷》雜誌；許榮淑辦《生根》《深耕》雜誌；蘇秋鎮辦《代議士》；黃天福辦《鐘鼓樓》、《蓬萊島》；林正杰辦《前進》……等。他們藉著自己的雜誌宣傳在議會中的問政成績，以突破現實的新聞環境。

此外，許多無心或無力參與選舉的黨外青年，也自創雜誌或投入雜誌社從事雜誌的編寫工作。這些如雨後春筍的雜誌，由於數量多，市場重複，為了競爭市場，多以販賣小道消息、挖掘執政黨內幕為尚。其中，有因文字而引來官司者，如陳水扁、黃天福、李逸洋等因被馮滬祥控以誹謗罪而入獄（此即所謂「蓬萊島案」）。

1982年6月，在康寧祥的縝密策劃安排下，康寧祥、尤清、張德銘、黃煌雄四人接受「北美洲台灣人教授協會」邀請，連袂訪美。他們認為這是黨外首次以團隊方式踏上國際政治舞台。他們在與美國官方人員的接觸中，除了表達台灣住民對台灣前途的意願之外，並交涉武器販台等事。「四人行」的政治意義，顯示部分黨外運動者已認識到國際外交的重要，也顯示在野政團在外交工作上，能發揮有別於執政者的角色功能。翌年（1983年）8月，美眾議院亞太事務小組召集人索拉茲亦應康寧祥等人之邀來台訪問，黨外並舉辦盛大的歡迎餐會。

1983年3、4月間，在謝長廷等人的推動下，「黨外選舉後援團」開始醞釀，直到9月18日正式成立「黨外中央後援會」。

1986年11月10日，民主進步黨18人組黨工作小組於省議會台北會館舉行祕密會議，合影留念。（宋隆泉攝）

年底的立委選舉結果，美麗島被告辯護律師江鵬堅、張俊雄、林義雄之妻方素敏均高票當選立委（但是四人行之中的康寧祥、張德銘、黃煌雄均告敗北。黃信介之弟黃天福，許信良之弟許國泰亦均落選）。

1984年5月11日，由部分現任及曾任公職人員的黨外分子所組成的「黨外公職人員公共政策研討會」（簡稱公政會）正式成立。費希平任理事長，林正杰任祕書長。這個會曾一度被執政當局宣稱為非法組織，而面臨遭取締的邊緣，後因該會致函執政黨祕書長蔣彥士，而使事態緩和下來。翌（1985）年3月底，費希平退出「公政會」，公政會改選理監事，不久尤清被推為理事長，謝長廷擔任祕書長。

1985年11月，地方公職選舉。黨外仍於選舉前組織「後援會」，並完成提名作業。此次選舉，因「蓬萊島」案辭去台北市議員的陳水扁，南下競選台南縣長，雖然選舉結果失敗，卻在南縣掀起群眾演講的熱潮。而台北市議員方面，黨外候選人則悉數當選，其中包括新當選的顏錦福、張德銘，及黃天福之妻藍美津、陳水扁的助理周伯倫。「美麗島」受刑人林弘宣之妻林黎琤亦在高雄當選市議員。

1986年3月，「黨外公政會」開始醞釀設立各地分會。康寧祥首先向「公政會」總會提出設立分會的申請，同時亦有數個地方相繼提出申請。這是成立在野黨之前的暖身活動，黨外公政會開始醞釀設立各地分會，這可說是「黨外黨」的地方黨部的雛形。為了「公政會」設立分會，內政

「黨外公共政策研究會」出現各地的分會，意味著一個醞釀中政黨的地方黨部正在成形。圖為在台北由康寧祥主持的黨外公共政策研究會首都分會成立的情形。

部長吳伯雄再度重申將予取締，因此朝野雙方關係趨於緊張，遂有5月10日由陶百川、李鴻禧、楊國樞、胡佛四位學者出面邀請執政黨與黨外雙方代表餐會溝通之舉。不理會溝通的顏錦福、陳水扁等人於溝通餐會當日，率先成立「黨外公政會台北市分會」。康寧祥等以「溫和穩健」見稱的人，亦於首次溝通的一週後成立「黨外公政會首都分會」。隨後全島各地的分會亦相繼成立，而籌組新政黨的呼聲，也於此時在各公政會地方分會的相激相盪之下，更加高昂。

這個已有政黨雛型的「黨外黨」，終於利用1986年年底的中央民意代表選舉，完成了新政黨的成功盜壘—9月28日「黨外中央後援會」在臺北圓山飯店召開候選人推薦會，當天並決議以黨外候選人為新政黨的共同發起人，正式成立「民主進步黨」，向厲行黨禁達四十年的國民黨當局作歷史性的挑戰！11月10日民主進步黨召開第一次全國代表大會，通過黨章、黨綱，並選舉主席及重要幹部。江鵬堅當選第一任黨主席。

民進黨一出現，各方正在矚目國民黨當局是否會採取高壓手段，不過，這次的潮流確實擋不住了。一週之後，國民黨主席蔣經國在中常會中表示：「時代在變、環境在變，潮流也在變，因應這些變遷，執政黨必須以新的觀念、新的作法，在民主憲政的基礎上，推動革新措施。」在「一言而為天下法」的蔣氏威權政治下，蔣經國這段談話，意味著他不再用過去高壓的手段對付新成立的民主進步黨。戰後40年來台灣第一個在野政黨終於闖關成功。

民進黨組成後，旋即接受是年年底的選舉考驗。在這場中央民代選舉中（12月6日），民進黨鶯聲初啼，大有收穫，立委方面獲12席，國代方面得10席，其中有10人在其選區是以最高票當選。這次考驗，使民進黨化解被取締的危機，也為臺灣往後的政黨政治的發展，立下一個新的里程碑。

【詳參】
◆李筱峰，《台灣民主運動40年》，1987，台北，自立晚報出版部。

91 解除戒嚴

1987年7月14日，蔣經國宣布解除長達38年的戒嚴。封閉40年的台灣政治，逐漸解凍。

　　從歷史縱線觀察，1986年（民國75年）到1987年之間，是台灣政治、社會的轉型年代，可稱是自中國國民黨政府播遷來台灣以來，在政治、社會方面最具突破性發展的時刻。而這些突破性的發展，與多年來不斷對當局施加批判、向政府禁忌提出挑戰的黨外運動，有著密切的互動關係。

　　1986年下半年起，臺灣進入一個解凍的時刻。許多禁忌紛紛被突破，蓄積已久的社會運動潛力，如開閘之水奔流而出。

1986年5月19日，鄭南榕等人發動「519綠色行動」，向全世界實施時間最長的戒嚴體制宣戰。透過黨外雜誌密集宣傳，成功突破國民黨的媒體封鎖，在台北龍山寺聚集數百名群眾。（宋隆泉攝）

各種群眾抗議、示威、請願、自力救濟、街頭遊行的情事，層出不窮。以下，我們試舉其中數件規模較大的行動來看：

5月19日，鄭南榕等人發起「519綠色行動」，兩百多名黨外人士，在台北龍山寺集合，準備到總統府遊行抗議戒嚴法，無黨籍人士在龍山寺前廣庭靜坐到晚上9時半才解散。這項「519綠色行動」掀開黨外為時半年的街頭運動。解除戒嚴是行動中的一項重要訴求。

6月9日，前台北市議員陳水扁、前立委黃天福、以及李逸洋，因所辦雜誌《蓬萊島》遭右派人士馮滬祥控告誹謗判刑確定，擬步行到地檢處報到。部份支持民眾阻止陳水扁等報到，與警方僵持16小時。

6月24日，鹿港民眾反對杜邦公司在彰化濱海工業區設廠，千餘民眾走向街頭。

7月2日、9日、11日，連續有數百名計程車司機聚集立法院前，要求取消「靠行」制度。

9月3日，前台北市議員林正杰違反選罷法判刑後，從地方法院「步行」到市議會，沿途與警方發生衝突。林正杰展開12天的街頭抗議行動。27日，因「誹謗案」被判刑的林正杰主動到台北法院接受拘提，黨外人士及其支持者送行，沿街揭示標語，抗議司法不獨立，並在法院前演講、張貼標語。

9月28日，民主進步黨宣布成立。

10月24日，台大大學新聞社被校方停社一年，在校門口舉辦惜別會，數百名學生參加。12個社團負責人發表聯合聲明。

11月14日，百餘位各地人士未能接到

1987年1月10日，「彩虹專案」及「婦女新知」等團體，在華西街發起聲援雛妓大遊行，並抗議販賣人口。（宋隆泉攝）

從美國返台的6名台灣同鄉會代表，闖入桃園中正機場入境旅客行李檢查大廳，抗議達6個多小時。

11月30日，數千名群眾上午到中正機場迎接前桃園縣長許信良返國，與憲警對峙，雙方互丟石塊，30輛警車遭破壞。

1987年1月10日，台灣省議會、台北市議會及高雄市議會的監察委員投票所外面，民進黨的支持群眾持標語抗議賄選及限制連記法；同日下午2時，《婦女新知》社務委員及基督教「彩虹專案」負責人發起，在台北龍山寺和華西街示威遊行，抗議販賣人口及山地雛妓。

1987年，「二二八和平日促進會」首次提出要求國民黨平反冤屈、安慰受難者家屬、道歉賠償與建立紀念碑。活動當時受到武警強力鎮壓，被視為暴民，然而經由人民努力，這些訴求如今一一有了結果。（宋隆泉攝）

1987年，「519綠色行動」再次於5月19日發動示威要求解嚴，隊伍原本預計由孫文紀念館遊行至總統府，卻被軍憲警重重包圍無法移動，僅有少數人突破重圍在附近宣示主張。（宋隆泉攝）

2月13日，陳永興、鄭南榕等人發起「二二八和平日促進會」，兩天後，開始為二二八而走。從1月中旬到4月之間，展開一連串的演講、座談、追思祭拜、遊行等

活動，其間曾與警方對峙，情況數度緊張。

3月17日，「519綠色行動本部」發動民眾群集立法院抗議制訂國安法。

3月24日，台大學生60餘人組成「大學改革請願團」，於上午10時赴立法院請願，高舉抗議標語，提出「軍事教官退出學校」、「還我學生權」訴求，並呈遞一份經由1800名台大學生連署的請願書。

5月19日，「519綠色行動」發動反對制訂國安法，在孫文紀念館廣場聚集數千人，擬準備遊行示威，警方四面封鎖，自中午起雙方僵持不散，對峙到深夜。

上列者，只是解嚴前的社會運動中的犖犖大者，其間尚有其他大大小小的勞工運動、學生運動、環保運動、婦女運動、消費者運動、老兵要求返鄉運動…等不勝枚舉，都像春雷驚蟄，蠢動起來。這些自發性社會運動形成風潮，在在向實施38年的戒嚴令挑戰，讓國民黨當局有禁不勝禁、抓不勝抓的感慨。主政的蔣經國有鑒於時勢潮流之所趨，不能完全拂逆，開始採取開放態度。他在民主進步黨誕生的一年之後（10月5日）在國民黨中常會中表示：「時代在變、環境在變、潮流也在變，執政黨必須以新觀念、新作

法，推動革新。」這是一個新政策的宣示，也是臺灣進入政治轉型的前兆。1986年下半年起，可以說是國民黨政權入台以來，戒嚴統治開始解凍的時刻。各種禁令逐漸鬆綁，執政當局表示開放的聲明與措施，也一一揭櫫於世，包括學生的舞禁、髮禁的開放，一貫道禁令的解除，外匯管制的放鬆，屠宰稅的取消，姚嘉文、黃華、黃信介、張俊宏等26名政治犯獲假釋出獄等。

1987年7月14日，蔣經國總統果然發布命令，宣告台灣自15日零時起解除戒嚴。國防部宣布，237名於戒嚴期間受軍事審判的受刑人，於15日零時減刑並復權。世界實施最長（長達38年）的戒嚴令，終於解除。16日，港澳觀光的限制也予解除，8月擬開放大陸探親的消息也騰諸報端，12月1日，行政院宣布明年元月起解除報禁，接受新報登記並且開放增張。

一連串開放改革的措施，為台灣的政治帶來新的氣象，其中最引起國際矚目的是戒嚴令的解除，雖然國民黨執政當局另立「國家安全法」以補解嚴後的疑慮，而引起在野人士及部份學者的詬病，但國內外輿論對於戒嚴的解除，都予以高度的肯定。對於蔣經國晚年的開放政策，紐約時報評論說：「台灣終於告別封閉式的政治制度，向濕潤的森林開啓了一扇窗門。」

蔣氏政權把台灣封閉了40年，直到蔣經國臨終前，才好不容易開啓了一扇窗門。但是他來不及再繼續開第二扇窗門，就走了。在解嚴的半年後，1988年1月13日，受糖尿病糾纏經年的蔣經國病逝。

【基本參考資料】
◆李筱峰，《台灣民主運動40年》，1987，台北，自立晚報出版部。

92 李登輝上台

1988年1月13日，受糖尿病糾纏經年的蔣經國總統病逝，副總統李登輝繼任總統。蔣氏政權自此結束，台灣即將進入一個新的時代。

蔣經國總統的晚年曾經思考著一個問題：「我和父親來台灣主政已經40年多了，為什麼台灣民間還有很多人對我們父

蔣經國提拔台籍人士李登輝為繼承人，是許多人完全料想不到的事。（中國時報資料照片）

子不諒解？我應該怎麼做才能得到台灣人的肯定？」蔣經國以這個問題詢問一位前來訪見他的國策顧問。這位大老級的國策顧問回答他說：「應該勵行民主憲政」。蔣經國又透露一句話說：「台灣的政治，遲早是台灣人的，他們何必這麼急？」蔣經國與這位國策顧問的對話，也許透露出蔣經國晚年開始朝著「開放」方向進行變革的心情，或許也透露出蔣經國為什麼提拔台籍人士李登輝做為繼承人的用意。

1988年（民國77年）1月13日，患糖尿病多年的蔣經國病逝，李登輝繼任總統。李登輝後來自己說，他從來沒有想到自己會當總統。其實，豈只李登輝自己沒想到，許多國民黨內的大老、青壯世代的政客，也沒有人料想得到。

李登輝，1923年（大正12年）生，台北三芝人。父親李金龍在日據時代當過基層警員。1942年3月，李登輝自台北高校畢業，10月入日本京都大學農業經濟科，1943年10月，太平洋戰爭正如火如荼之際，進入日本陸軍。戰後，入台灣大學農業經濟系，1948年自台大畢業。他擔任過台大的助教、講師，之後赴美留學，於1953年獲愛荷華州立大學農經碩士，1953

年任台灣省合作金庫研究員，
1954年任台灣省農林廳技正兼
經濟分析股股長；1957年擔任
農村復興聯合委員會農經組技
正兼台大副教授；1968年獲美
國康乃爾大學農經博士，回國
擔任台大教授；1972年，經蔣
經國的提拔出任行政院政務委
員；1978年被派任台北市長，
1981年被派任台灣省主席；
1984年被蔣經國提拔為副總
統。

520農民示威，農民開著耕耘機在總統府前廣場與軍警對峙。（許伯鑫攝）

　　根據憲法規定，副總統李
登輝繼任總統乃天經地義之
事，任誰都不便反對。但是國
民黨的黨主席由誰代理，則勢
必有一番較勁。當時民主進步
黨已經成立，戒嚴已經解除，
民主運動正在蓬勃發展，國民
黨內部李煥、俞國華等人有感
於社會上要求改革的壓力甚
大，又需要鞏固領導中心以期
在變局中求安定，乃傾向於由
總統李登輝兼任代理黨主席。
但是來自士林官邸的蔣宋美齡
的親函及電話（給祕書長李
煥），卻又讓他們感到進退維

農民運來大批蔬菜丟擲在總統府前廣場上，抗議開放外國農產品進口，認為
將危害本地農民生計。（許伯鑫攝）

谷。後來由於副祕書長宋楚瑜在中常會中
臨門一腳，發言催促通過原擬支持李登輝
任黨主席的提案，終使中常會順利通過由
李登輝代理黨主席。

　　雖然李登輝在繼任總統的兩週後代理
國民黨主席，不過當時民間預測，李登輝
的角色將和蔣介石之後的嚴家淦一樣，只

是一個暫時的過渡而已，雖然政權的權柄
不太可能由不成材的蔣家後代接棒，但也
不可能由土生土長的台籍人士主導，因為
這將使外來政權的舊勢力寢食難安。

　　美國康乃爾大學出身的農經博士李登
輝，在繼任總統四個多月後，就碰上了一
次大規模的農民請願示威：5月20日，4000

多名來自全島各地的農民，聚集在立法院前面，要求政府禁止美國火雞、水果進口，結果發生與軍警衝突的流血事件。政治觀察家認為，這是軍方故意給農經學者李登輝總統難堪，以打擊他在民間的聲望。事後，李登輝只好忙著南下巡視農村，並向農民們宣示說：「我不來照顧你們，誰來照顧你們？」李登輝接掌過去威權政治的殘餘，要應付統治階層的保守勢力，又要面對社會民間的改革要求，這個角色當然不好扮演。

7月8日，國民黨召開第十三次全國黨代表大會，在暗潮洶湧中，李登輝獲1176位黨代表以起立鼓掌的方式，有驚無險當上了黨主席，只有趙少康、李勝峰等8人靜坐椅子上未支持。這是確定李登輝時代的一個轉捩點，也是國民黨轉型的一次契機。7月10日，黨主席李登輝提名的180位中央委員候選人名單公佈，改組幅度超過5成，11日國民黨中央委員候選人連署登記名單180人產生，12日，國民黨首次以票選方式產生180位中央委員。14日，中央委員會改組，31名新任中常委平均年齡較上屆年輕7歲，台籍人數有17人，佔半數以上。

這次國民黨的十三全會能順利召開，秘書長李煥及副秘書長宋楚瑜居功不小。11個月後，1989年6月，李煥接替俞國華出任行政院長，宋楚瑜接任國民黨秘書長。

李登輝主政之後，在蔣經國晚年的開放改革基礎上，順應民間民主運動的要求，繼續做了更多的變革（詳本書以後次節），國民黨的體質又更進一步本土化。

李登輝是在1972年加入國民黨，與國民黨內許多大老的黨齡相比，他相當資

淺。因此，有部份國民黨內不喜歡李登輝新作風的舊勢力人物，對於李登輝的黨齡如此淺，卻能躍居黨魁之位，心中頗感不平。其中有人還認為國民黨太栽培李登輝了，給李登輝太佔便宜了。他們對於李登輝的一些新措施頗不以為然，認為李登輝對不起國民黨、對不起蔣介石（他們慣稱的「蔣公」）和蔣經國。這些不滿李登輝路線的部份國民黨員，於1993年8月中旬另外成立「新黨」（英文名稱叫做CHINA NEW PARTY）。

舊國民黨勢力指責李登輝對不起國民黨，背離中國國民黨的正統。然則了解中國國民黨歷史的人都知道，中國國民黨有階段性的演變，蔣介石主導的國民黨，與孫文、宋教仁、汪精衛主導的中國國民黨，其性質也都迥然互異，且黨內歷來派系林立，何來所謂「正統」可言？打著「中國國民黨」旗幟的蔣介石統治集團來到台灣後，台灣人不管有無志氣、不論動機是否純正，一旦被吸入這個統治集團的黨機器（早期許多人加入中國國民黨是被迫的，跟加入日本人的皇民奉公會擔任幹部一樣），他必須順應黨的意識型態，而扭曲自己的原形。一個原本有能力自由思考的人，為了迎合這個黨機器，卻可能強迫自己做一些低於他本身水準的思考。李登輝是台灣的菁英，以他早期的言行來看，有著相當的社會理想。二二八事件時，他身為學生領袖，於事件的大整肅中，幸虧躲入山中一、二個月，才逃過一劫，倖免於難。學成歸國之初，他還是情治單位列管的人物，經常要到警總去報到、讀訓。後來因為他的專長和為人，受到蔣經國的賞

識，才被破格提拔，而走入國民黨的集團。

國民黨得到李登輝，是國民黨的大幸。因為，過去以貪污腐敗、一黨專政聞名於世的統治集團，能得到這位本土菁英的參與，就像是一位素行不良的流氓能娶到一個好媳婦一樣有福氣。但是對這位好媳婦來說，他的形象卻要大大受損。李登輝主導國民黨，揹負著這個統治集團過去的舊包袱，為了不讓兩蔣時代的遺老們太過於適應不良，為了應付那些拒絕「土斷」、不敢本土化的外來權貴，也為了舊勢力的反撲，他經常要委屈自己，降低他原來的思考水準，講一些似是而非的話。他在新理想與舊環境中，經常扮演著兩種互相衝突的角色。如果借用心理學家佛洛伊德的人格理論，也許可以用來說明李登輝的兩種衝突的角色。佛洛伊德分析人格結構中有「本我」「超我」與「自我」三個部份。其中，本我是指原本人性中的我，超我則是外在環境、社會規範所要求的我。從「本我」與「超我」的概念中，吾人也彷彿可以體會李登輝的兩個角色：一個是發自本性的李登輝，我稱之為「台灣人李登輝」；另一個是身為中國國民黨主席、中華民國總統，必須遷就他的周遭環境的李登輝，我稱之為「中國人李登輝」。

「台灣人李登輝」和「中國人李登輝」有著不同的表現。當「台灣人李登輝」碰

1990年，李登輝就任第八任總統。（中國時報資料照片）

到來訪的日本作家司馬遼太郎時，隨性所至，就感嘆起「做為台灣人的悲哀」；可是回到國民黨陣營後，又是開口「我們中國人如何如何」；「台灣人李登輝」說，國民黨也是一個外來政權，但是「中國人李登輝」則會說，「本黨具有光榮的革命歷史」；「台灣人李登輝」說，他領導的國民黨只有兩歲；「中國人李登輝」則說，中國國民黨是一個百年老店；「台灣人李登輝」接受外國記者訪問時，明白表示，「台灣是一個獨立且擁有主權的國家」，可是「中國人李登輝」則說，「我反對台獨已經講了一、兩百次了」。

李登輝就在這種衝突矛盾的角色中，以走兩步退一步的方式，讓國民黨蛻變、讓台灣的政治轉型。在他主政的前半期，反對陣營中認為他的改革步伐仍嫌遲緩，

但他告訴回台的海外同鄉說「你們要給我時間」，「車子在轉彎的時候，不要開太快，否則會翻車。」

李登輝開的這部中國國民黨的舊車，雖然做了民主轉型，可是眾所詬病的「黑金政治」，卻有變本加厲之勢。他縱容黑金橫行，讓長期敗壞的選風更敗壞，讓黑道角頭透過國民黨機器進入議會以圖漂白；另外，他大搞黨營事業，累積上兆億元的黨產，使得中國國民黨成為「財團怪獸」，破壞政黨公平競爭原則。這些癥結雖肇因於兩蔣時代，但卻變本加厲於李登輝時代。也許，這也是讓台灣民主化的李登輝的無奈與遺憾吧？

93 鄭南榕自焚

《自由時代》創辦人鄭南榕因刊登許世楷教授的新憲法草案，遭統治當局控以「叛亂」，鄭拒絕出庭應訊，於1989年4月7日警察前來拘提時，引火自焚，震驚海內外！

就讀台灣大學哲學系時，因為拒修政治性課程「國父思想」而不能畢業的「外省」子弟鄭南榕，是一位個性剛強的青年。他在解嚴前後創辦的《自由時代》一系列雜誌，是當時民主運動陣營裡面相當受歡迎的刊物。1986年5月19日鄭南榕發起的「519綠色行動」，200多名「黨外」人士（當時民進黨還未成立）在台北龍山寺示威靜坐，抗議長期實施戒嚴。1987年2月鄭南榕與陳永興等人發起「二二八和平日促進會」，冒著被逮捕的危險，在全島多處舉行演講遊行，試圖突破二二八的禁忌。

1989年（民國78年），公開主張台灣獨立的鄭南榕，在他的《自由時代》雜誌上，刊登了旅日學者許世楷的〈台灣新憲法草案〉，卻被國民黨政府當局控以「叛亂罪嫌」。對於這件以常識判斷都知道是嚴重侵犯言論自由的政治案件，鄭南榕拒絕出庭應訊，並拋出一句話——「他們甭想拘提到我的人，他們只能提到我的屍體！」許多人以為他只是在說氣話而已，沒想到，4月7日當天，在警察前來雜誌社拘提的時候，鄭南榕果真以他準備好的汽油，在雜誌社內引火自焚身殉，震驚海內外！

無獨有偶，5月19日舉行鄭南榕的出

鄭南榕。雖然戴著手銬，他的臉上仍流露無所懼的表情。（鄭南榕基金會提供）

殯，正當出殯的行列受阻於總統府前的路上（今凱達格蘭大道）時，一位出身高雄縣「農民權益促進會」、投身於台灣民主獨立運動的基層義工詹益樺，面對著統治當局的拒馬、鐵絲網及千名警員，也引火自焚，搶救不及去世。

這連續兩樁自焚情事，不同於一般的厭世自殺，而是懷抱著高超的理想與無私的殉道精神，用自身做火種，以絢爛奪目的火燄，向統治者作嚴厲抗議，向同胞作

草根運動者詹益樺，以自焚獻出生命，向統治者作最嚴厲的抗議。（宋隆泉攝）

人」鄭南榕的自焚，刺激許多人去思考台灣獨立的問題。被禁足在海外不得返鄉的「黑名單」人士，像陳婉眞、李憲榮、蔡正隆、郭倍宏等人，開始一一闖關回台（陳婉眞闖關一回來就出現在鄭南榕的喪禮）；而六四天安門事件，使得許多台灣人更清楚中共政權的本質，對「統一」開始產生憂慮。

這一年年底，在立委選舉中，有32名以民進黨籍爲主的候選人，組成「新國家連線」，提出「建立東方瑞士國」的台灣獨立的主張，國民黨統治當局揚言要以法律制裁。但32名候選人當選20名，支持明確的台獨主張者的票數計有130萬票。這種民意基礎，使得所謂「法律制裁」沒有下文。鄭南榕的遺孀葉菊蘭也當選立法委員，顯示民眾對統治者心目中的「叛亂犯」鄭南榕的肯定。

事情一晃就是十年，回顧鄭南榕死後這十年，台灣的言論自由有了長足的進步，「自由之家」甚至評論台灣已經進入一個完全自由的國家。不論誰如何公開主張左右統獨，都不必擔心會被拘提，也不必再用生命來抗爭。鄭南榕在天有知，也該莞爾一笑吧？鄭南榕或許會說：「這一點言論自由有什麼好滿足的，台灣還沒有眞正獨立建國呢！」

一般認爲，鄭南榕是爲台灣獨立自焚

莊嚴的死諫告白。

　　5月19日當天，鄭南榕出殯的行列長達兩公里多，全國各地的在野團體代表幾乎都參加了。出殯行列經過的馬路兩旁更站滿了觀禮的民眾，許多人偷偷拭淚，許多民眾主動加入出殯行列，爲鄭南榕送行。如果以平民身分的出殯來看，鄭南榕的出殯，是繼58年前台灣抗日運動領袖蔣渭水的「大眾葬」之後，再出現的一次盛大喪禮。以一位被統治者打爲「叛亂」的青年，死後卻享有如此的哀榮，實在是對統治者的一大諷刺。

　　鄭南榕自焚的兩個月後，6月4日，中國的北京發生六四天安門事件。中共的軍隊在裝甲車開道下衝進天安門廣場，對廣場上靜坐示威爭取民主自由的學生民眾，展開血腥屠殺，造成數千人傷亡。

　　1989年的這兩件事情，刺激了台灣獨立言論的升高及其支持者的激增。「外省

在鄭南榕出殯的行列中，學生隊舉著「不自由毋寧死」的布條，正是鄭南榕的信念。（宋隆泉攝）

的第一人。不過，嚴格說來，在鄭南榕之前，已經有人爲台灣獨立而自焚，面對歷史，我們也不應該忽略他——

1979年年底和80年初，台灣一連串發生美麗島事件和林義雄家宅祖孫命案。正當全島陷入陰霾的氣氛之時，1980年的3月29日，有一件至今仍不太爲人知悉的自焚事件發生。一位中國湖南籍的48歲司機朱文光，在台北孫文紀念館前的仁愛路上，將自己關在車內，以汽油引火自焚而死。他在路旁留下寫有「白浪滔天，萬人泣血」標題的遺書。他的遺書的內容，除了敘述他過去的顛沛流離及在軍中被迫害（曾經遭活埋險些喪命）的經歷之外，他並表明來到台灣了解台灣的悲慘歷史後，終於了

解台灣獨立的意義，並表示極力支持台灣的獨立。這件自焚事件發生的翌日，台灣的報紙只以豆乾大的篇幅報導，但對於他遺書中所提的台灣獨立的主張則隻字不提。幸好朱文光在自焚之前，曾將遺書（親筆）留一份在當時的《八十年代》雜誌社的信箱，才得以明知他的眞意。

比起鄭南榕的自焚，朱文光的自焚顯得沒沒無聞，也沒有像鄭南榕對言論自由及台灣獨立運動造成的深遠影響，不過，我們在回顧鄭南榕、詹益樺的歷史事蹟的同時，也不該遺忘曾經將生命獻給台灣的朱文光。這倒不只是爲了「君子疾沒世而名不稱」，而是要「發潛德之幽光」。

94 從二月政爭到國是會議

1990年2月，第8任總統選前，國民黨內部爆發主流派與非主流派的內爭，加以部份老代表拒絕退職，引發3月的大規模學生運動，最後促成國是會議的召開。

李登輝繼任總統後，首先最大的一項政治變革就是解決所謂「萬年國會」的問題。在「老賊下臺」的社會輿論催逼下，當時還是由俞國華主持的行政院，終於在1988年11月7日通過「第一屆資深中央民意代表自願退職條例」草案，翌年（1989年）元月26日立法院隨即通過此條例。3月1日起，開始受理這批過去號稱為「法統」所繫的老代表的申請退職。他們每人最高可領退職金546萬元（1947年選出者）。

1989年12月2日，舉行解嚴之後的首次大選，選舉結果，在101席增額立委中，國民黨獲得72席，民主進步黨獲得21席；在171席市議員中，執政黨101席，民進黨得38席；最受矚目的21席縣市長中，執政黨獲14席，民進黨獲6席，另外1席為無黨籍（宜蘭縣陳定南，當時尚未入民進黨）。在這次大選中，中國國民黨得票率首度不及6成。國民黨於選戰失利後，進行高層黨務人事大調動，素有「國民黨第一號戰將」之稱的中央委員會副祕書長關中，免兼組工會主任。

時序進入1990年代，在野要求變法維新的聲浪益加增大，而國民黨內部的權力鬥爭也更加明顯。首先「資深中央民意代表自願退職條例」通過後，雖然給予老代表相當優厚的條件，但有部分老代表、老委員表示抗退，並且醞釀抵制李登輝。1990年（民國79年）2月20日國民大會在陽明山中山樓召開，準備選舉第八任總統，卻爆發所謂「二月政爭」。國民黨「主流派」的李登輝，在祕書長宋楚瑜的精心運作下，經中央委員會以一致起立鼓掌的方式被推為總統

「萬年國會」中的老代表在開會時常體力不支。（許伯鑫攝）

候選人（李登輝並提名李元簇爲副總統候選人），但是遭到所謂「非主流」派的作梗，非主流派準備推出林洋港和蔣緯國與之競選。林洋港並公開表示是「候選而不競選」，而「五條件說」也盛傳民間，暴露蔣經國死後國民黨統治集團內部的權力紛爭。另外，國民大會召開期間，國大更試圖擴權。

「二月政爭」的結果，終於引發了「三月學運」。3月16日下午，數百名大專院校學生集中在中正紀念堂靜坐，抗議國民大會濫權。自19日起，開始大規模靜坐抗議活動，動員全國學生數千人，要求解散國會、總統民選、加速民主改革。他們並發起「全民逼退老賊簽名運動」（按民間謔稱那些經年不經改選的「中央民意代表」爲「老賊」）。18日起，民主進步黨也在學生靜坐的場地旁邊，發動大規模群眾活動，以示聲援，各大專院校及學術機構的近150位教授學者，也於19日起，加入學生靜坐行列。這次的靜坐示威，爲期一週（3月22日結束），最後，李登輝總統接見教授及學生代表，應允召開國是會議，儘速解決學生所提的問題。

三月學運促使林洋港、蔣緯國及「擁蔣派」（擁蔣緯國）知難而退。3月21日，李登輝正式當選中華民國第8任總統。4月2日，李登輝以總統身分正式邀請在野黨主席黃信介（繼姚嘉文之後任第三任主席），

三月學運。學生製作野百合雕塑，聳立在中正紀念廣場，並露宿廣場、靜坐示威達6天之久，獲得大眾支持，並迫使李登輝召開國是會議。（許伯鑫攝）

就有關憲政體制、政黨政治等問題，進行會談，這次會談被視為政黨政治發展的重大突破，但也引起國民黨內「非主流」勢力—包括趙少康、郁慕明、周荃、李勝峰等「新國民黨連線」（新黨的前身）人士—的不滿。5月2日，李登輝提名軍事強人郝柏村組閣，震驚全國，隨之引起一片反對聲浪，在野黨及部分學界人士有感於軍人干政不利於民主政治，於是在李登輝就職的5月20當天，舉行「反對軍人干政」的萬人示威遊行，但除了逼使李登輝批准郝柏村除役外，郝仍順利出任行政院院長。李登輝雖然表示郝柏村與他「肝膽相照」，但觀察家認為，李登輝提名郝柏村，有其安撫派系紛爭的考慮，是在某些「條件」交換下的結果　（2年9個月後—1993年2月，郝柏村終於被換下來，由連戰接任行政院長）。

儘管部份資深「中央民代」抗拒退職，但是「萬年國會」的問題，終於以釋憲方式做了政治性解決。6月20日，司法院大法官會議對「第一屆資深中央民意代表任期問題釋憲案」作成第261號解釋，指出資深民代應該於民國80年（1991年）12月30日以前終止行使職權，並由政府適時辦理全國性第2屆中央民代選舉。被民間罵為「老賊」的資深民代，至此退職已成定局。

1990年6月28日，「國是會議」在圓山飯店召開，由李登輝總統所邀請的朝野130多位與會代表，在為期六天的會議中，展開政治對話與辯論，其中就「修憲」或「制憲」、總統「公民直選」或「委任選舉」等問題，有相當的爭論。最後閉會前有共識的部分，其改革時間表大概是：明年選出375位修憲國代，明年底資深中央民代退職，國會改革完成；1992年中央民代機構增選；1996年之前完成修憲工程，1996年1月改選第2屆國大，1996年5月民選第9任總統。

95 終止「戡亂」與修正刑法100條

經過在野民主運動多年的抗爭，1991年4月，「動員戡亂時期臨時條款」終於廢止；隨後，「懲治叛亂條例」也廢止；1992年5月，侵犯人權的刑法100條有關預備陰謀犯的規定也予以刪除。

國是會議後，執政當局開始著手準備進行其所謂「一機關、兩階段修憲」工作。1991年（民國80年）4月8日，國民大會臨時會議揭幕。至21日，三讀通過制定「中華民國憲法增修條文」共18條，並廢止「動員戡亂時期臨時條款」。國民黨自詡這是「完成第一階段歷史性修憲任務」。但是開會期間，民進黨國代、立委及省、市議員採取體制外抗爭手段，相繼退出議場，並於15日發動萬人群眾在臺北市舉行大規模示威遊行。

4月30日，李登輝總統宣告，動員戡亂時期於5月1日零時起終止。同時公布「中華民國憲法增修條文」，廢止動員戡亂時期臨時條款。

「動員戡亂時期臨時條款」的廢除，說明著國民黨不再視北京政權為叛亂團體，結束對北京當局的敵對態度，甚至也可以說是承認北京政權的一個先決條件，這應該說是對北京當局一個善意的表示。

此外，「戡亂」的終止，也意味著台灣的政治要納入憲政常軌，在「法的最高位階」—憲法—之上，不該再有一個更高的特別法；而冠上「戡亂時期」頭銜的許多特別法（例如令人毛骨悚然的「戡亂時期檢肅匪諜條例」），也將一併鬆綁。

不過，長久以來威脅人民生命自由既深且鉅的惡法—〈懲治叛亂條例〉，仍然存在；此外，刑法100條中尚有所謂「預備或陰謀」內亂罪之規定，仍予統治者有羅織人民入罪的機會，對人權還是一大威脅。

果不其然，正在終止「戡亂」的同時，5月9日，調查局對於參加史明的「獨立台灣會」的陳正然、廖偉程等4名青年學生，以叛亂罪名逮捕，立刻引起社會各界及大學教授、學生的集體抗議，認為此案是解嚴以來最嚴重的侵害人權案件。學運團體發起「烽火遍地」，校園同步罷課靜坐抗議。5月12日，100多名大學教師和學生在中正紀念堂前靜坐示威。次日，文化界發起520請願遊行，要求廢止懲治叛亂條例及刑法100條。

5月17日，立法院由80名立委連署提案，逕付二讀，廢止〈懲治叛亂條例〉。6月4日，臺灣高檢署公布撤銷彭明敏等七名所謂「叛亂犯」之通緝。

同年8月，被列為「黑名單」遭禁足在海外的人士，王康陸、張燦鍙、李應元、郭倍宏…等人，紛紛闖關回台被捕，國內情勢緊繃，各界認為除惡務盡，應廢

除既違憲又侵犯人權的刑法100條。於是在9月21日，「臺灣教授協會」的李鎮源、林山田、陳師孟、張忠棟等學者，結合其他社運團體共同成立「100行動聯盟」，並在10月10日發動「廢惡法‧反閱兵」行動。雖然遭到警方強制驅離，但翌年（1992年）5月16日，立法院終於通過修正刑法100條，刪去該條文中有關預備或陰謀犯的規定。台灣的人權發展，又獲得一大進步。

在修正刑法100條的兩個半月後，1992年7月31日，扮演著特務政治角色之一的警備總司令部也予以裁撤。過去各機關內專門負責思想監控的「人二室」，也紛紛裁撤。台灣至此逐漸擺脫白色恐怖的陰影，人人可以自由討論各種不同的政治見解，不必擔心會遭逮捕。

1997年12月18日美國「自由之家」（Freedom House）所公佈的人權報告中，台灣已名列全球80個「完全自由國家」之中，而海峽對岸的中國，則仍是全世界16個人權表現最差的國家之一。

「戡亂」終止之後的修憲國代（第2屆國民大會代表）選舉，於1991年12月21日舉行。國民黨在這次選舉中勝利，獲254席，得票率達71.17％，民進黨只獲66席，得票率23.94％。由於憲法規定修憲必須四分之三多數通過才行，因此國民黨的254席，再加上原有的增額國代64席（2席重複），共318席，已超過四分之三，故翌年（1992年）的「第二階段」修憲，國民黨可以

1991年學生三月學運後，又有「獨立台灣會」案，遂爆發五月學運，100多名教授、學生發起遊行與靜坐示威（上圖），認為「獨台案」引起校園內白色恐怖，隨後許多學生團體並參與廢止刑法100條的遊行（下圖），這些活動對台灣的人權發展貢獻很大。（許伯鑫攝）

給職變成有給職；增設議長；擁有監察委員等之同意權……），導致民進黨代表兩度退出會議，造成部份輿論所詬病的「一黨修憲」。

在修憲中，國民黨內部對於總統選舉辦法也壁壘分明，有「直選派」與「委選派」之對立，右派保守勢力企圖推翻國是會議之共識而主張間接選舉總統（他們稱之為「委任直選」），國民黨內部發生激烈紛爭，從三月中旬國民黨的三中全會，到國民大會的臨時會上，兩派人馬壁壘分明。4月19日，民進黨發起一項主張總統直接民選的大遊行，抗爭了數天才止。5月24日，有感於「一黨修憲」的國民大會的濫權與擴權，臺灣教授協會及各學運團體，又在臺北市發動一次「廢國大、反獨裁」的大遊行，1992年的臺北街頭異常熱鬧。終止動員戡亂時期之後的臺灣社會，呈現出兩極對立的力量。一邊是追求臺灣獨立的民間力量崛起；另一邊是以過去「外省」權貴為主軸、民間外省人士為基盤的「反臺獨」、「反本土化」力量的拉鋸。

1992年4月19日，民進黨發起以「總統直選」為訴求的大遊行，認為憲法與總統選舉不能一黨獨大，應改由全體台灣民眾直選產生。上圖為遊行民眾佔據忠孝東路、重慶南路口，被軍警包圍，下圖則為民進黨國代集體於總統府前靜坐抗議。1996年，台灣終於產生第一屆民選總統。（許伯鑫攝）

完全居於主控地位。

果然，1992年3月20日起為期兩個月的國民大會臨時會議，國民黨掌控了整個「修憲」作業，不僅全面封殺在野黨及無黨籍國代的提案，而且一再擴權（如國代無

96 「外省人」台灣獨立協進會成立

1992年8月23日，廖中山、黃秀華、郭樹人、張忠棟、陳師孟、徐馨生、鍾佳濱等約六十餘名所謂「外省人」，成立「『外省人』台灣獨立協進會」，表示在台灣獨立建國的行列裡，「外省人」不該缺席。

台灣是一個「小而美」「小而省」的民族熔爐。早在數千年前，乃至數萬年前，台灣就住著有從不同地方、不同時間進入的各族各系的原住民族。他們是台灣早期的主人，可說是較早的台灣人。近三、四百年來，台灣人的行列更不斷地擴大，一批一批的中國閩粵移民，為了逃避原鄉的困厄環境，紛紛渡海入台，尋求新生的天地。

來自不同原鄉的一批批移民進入台灣後，因為生存競爭而發生摩擦──移民與原住民之間發生衝突，移民與移民之間爆發械鬥，老移民與新移民也產生對立。

然而，由於原鄉意識的逐漸遠去、新挑戰或新統治者的出現，使得衝突日漸淡化、共同的命運感逐漸形成。「漢」、「番」交融的結果，出現了「有唐山公，無唐山媽」的後代；幾代的「閩客鬥」和「漳泉拼」，也在「金門不認同安，台灣不認唐山」的土著化（本土化）之後，逐漸消彌。於是，三百多年來，台灣的社會從一個移墾社會逐漸轉變成一個土著社會（本土社會）。

最近一批加入台灣人行列的，要算是1949年前後因走避共黨統治而移入的所謂「外省人」。從台灣史，或從世界史的眼光看，任何移民及其後裔，除非離開其移居地返回原鄉，否則遲早必定土著化。然而，由於國民黨政權移入台灣後所建立的政治型態正是學者所謂的「遷佔者國家」（Settler State），從國家體制、學校教育、大眾媒體……等，一切價值取向皆以其所來自的大中國為中心，不以台灣為主體，加以推行隔離政策（如軍眷區的設置）與歧視政策（如對台灣本地母語的壓制），使得跟隨國民黨政權進入台灣的「外省人」族群無法「土斷」，上焉者一直坐享統治集團的既得利益，下焉者（如老兵）卻在國民黨政權配給的「既得觀念」中成為國民黨統治集團「效愚忠」「賣老命」的忠貞子民。在這個島國上，竟然有那麼長的時間存在著一群叫做「外省人」的族群（並且分別居於權力的核心區及社會的底層），雖居住台灣數十年，卻疏離台灣，許多人仍有意無意以外來者自居，很難完全認同台灣。這種現象，不僅使得這個島國內部各族群間的融合受到影響，也使得這個島國在對抗北京政權時所應具備的自主性無法有效建立；而且，更是違反世界的潮流和台灣歷史的特性。

在「外省人」台灣獨立協進會的成立大會上，創會會長廖中山（右三）與一群榮民會員合唱經由他們改編的「莫等待」一曲，表明推動獨立建國的意志。廖中山先生於1999年10月病逝，留下未竟的遺志。（外獨會提供）

立，完全是心理上的一念之差而已。

雖是一念之差，但是要改變這一念之差卻是需要相當的勇氣和智慧。同樣都是所謂「外省人」，但是成立於1992年（民國81年）的「『外省人』台灣獨立協進會」（後來改名「『外省人』台灣獨立促進會」）的「外省人」（應該叫「新住民」），就有著截然不同的表現。1992年8月23日，「『外省人』台灣獨立協進會」成立，這群落地生根的新台灣人，推開眷村的藩籬、走出「中華一統」的民族主義神話、粉碎「台獨是要把外省人趕下海」的惡意中傷、拋棄外來者的優越身段，他們決心融入台灣社會，要與其他各族群互尊互重，凝聚成台灣命運共同體，因此他們勇敢的表白「在台灣獨立建國的行列上，『外省人』不該缺席」。

近十年來，由於台灣的本土化運動方興未艾，更由於國民黨政府外交的挫敗、中共政權對台灣的文攻武嚇，使得以台灣為主體的國家認同逐漸成形。因此，一向在心理上疏離台灣的部分「外省人」，便開始感覺適應不良，進而有極不理性的反應，例如，過去他們依附蔣政權，要大家「消滅共匪，反攻大陸」，現在卻反過來要大家「不可刺激中共」，視台灣獨立建國如讎寇。這樣的一群人，成為台灣獨立自主最大的內部障礙，與在外面威逼台灣的中共當局形成內外呼應的關係。實際上，他們在台灣使用新台幣已經四、五十年了，過著實際獨立於中華人民共和國之外的「台灣獨立」生活，可是他們卻反對台灣獨

「『外省人』台灣獨立協進會」的成立說明著，這個過去唯國民黨馬首是瞻的新移民族群，已經開始鬆散解體，部分人已經覺醒到，他們與島上的任何人都是休戚與共、同命相連的。

1996年底,「外獨會」組成選舉助選團,為具有獨立建國理念的候選人助講。(外獨會提供)

他語族的同胞退避三舍。「『外省人』台灣獨立協進會」的誕生,他們操著自己同樣應該被尊重的語言,不卑不亢地參與台灣的獨立建國運動,有導正並制衡「福佬話中心主義」的作用。

總之,「『外省人』台灣獨立協進會」的誕生,顯示國民黨政權面臨新的局面,也說明著台灣獨立運動進入新的階段。

雖然他們團體的名稱還沿用「外省人」,但特別加上引號,因為他們其實並不認為自己是「外省人」。他們清楚知道,不論先來後到,只要認同台灣,大家都是台灣人,「外省人」之稱謂,只是為了帶動其族群而暫用的代號罷了。如果台灣真正完成獨立建國之後,不要說「外省人」稱號不得體,連整個「『外省人』台灣獨立促進會」也都要宣布解散。原來他們這個組織的最後目標,是希望能把自己組織解散掉。

「外獨會」成立的另外一個意義是,給過去以福佬人(閩南後裔)為中心的台獨運動一些導正與制衡的作用。過去的台獨運動,有著極強烈的福佬人(閩南後裔)沙文主義傾向。他們往往以福佬話(在台灣的閩南語)做為「台灣話」的專利,並以此做為「台灣人」的符號。為了反抗國民黨過去對台灣母語的歧視,他們往往矯枉過正,獨尊福佬話為台灣話的正統。這種「福佬話中心主義」的台獨,只會讓其

【基本參考資料】

◆黃秀華編,《外省人‧台灣心》,1992年12月,台北,前衛出版社。
◆李筱峰,〈不再流亡的新台灣人〉,1992.8.23,《自立晚報》。
◆李筱峰,〈最勇敢與智慧的台灣人〉,1997.8.23,《自由時報》。

97 總統直接民選

1996年3月23日，台灣在中國飛彈試射的恫嚇下，舉辦有史以來的首次總統公民普選。李登輝、連戰當選首任民選的正副總統。

　　總統直接民選的呼聲，跟所有的民主改革的要求一樣，都先發自在野的聲音，並非來自執政的國民黨。1990年6月的國是會議中，民進黨及其他在野人士，再提出總統直接民選的訴求，雖然引起相當爭論，但最後總算獲得「直選」的結論。

　　1992年3月下旬的國民大會臨時會議的修憲中，儘管國民黨以絕對優勢進行外界所謂的「一黨修憲」，不過，國民黨內部對於總統的選舉辦法，「主流」與「非主流」兩派意見相當歧異，前者贊成「直接選舉」，非主流的右派保守勢力則企圖推翻國是會議之共識而主張間接選舉總統（但他們卻巧妙地稱之為「委任直選」）。國民黨內部發生激烈紛爭，從3月中旬國民黨的三中全會，到國民大會的臨時會上，兩派人馬壁壘分明。反對總統直接民選的代表人物，如梁肅戎等人認為「採公民直選就等於台灣人公民投票，將來很可能有偏差」。總統採直接民選，即意味政治的本土化，這是外來保守勢力所最擔心的事。郝柏村說：「國民黨如果本土化，國民黨就亡了。」梁肅戎、郝柏村的句型，與滿清末年一些滿州權貴面對康梁變法時所說的話—「改革為漢人之利，滿人之害」「康梁

的保國會只保中國，不保大清」—真有異曲同工、古今輝映之妙。

　　4月19日，民進黨發起一項主張總統直接民選的大遊行，抗爭了數天才止，甚至連「外省籍」教授張忠棟也出面帶領群眾高呼「總統直接民選」「台灣獨立建國」的口號。接著，5月24日，有感於「一黨修憲」的國民大會的濫權與擴權，「臺灣教授協會」及各學運團體，又在臺北市發動一次「廢國大、反獨裁」的盛大遊行。在旺盛民氣的催化下，落實總統直接民選的環境，逐漸成熟。

　　1994年5月2日舉行國民大會第4次臨時會，並負責第3次的修憲任務。此次修憲的一項重要任務，是要更改總統選舉辦法，國民黨主流派在總統直選的意見上雖然與民進黨一致，但其他修憲內容有許多無法達成共識，以致衝突不斷，導致最後民進黨退出修憲，使得這次的修憲又和前兩次一樣，都由國民黨國代唱獨腳戲。7月29日，國民大會第3次修憲程序完成三讀，通過「總統選舉方式將改由中華民國自由地區全體人民直接選舉之，自1996年第9任總統、副總統選舉實施」。

　　1996年（民國85年）3月23日，台灣

1995年下半年到1996年，台灣熱熱鬧鬧選出首屆民選總統。圖為其中兩位參選者，上為當選的李登輝，下為代表民進黨參選的彭明敏。（許伯鑫攝）

洋港，則結合反對李登輝本土化政策甚力的另一位副主席郝柏村，也出馬參選。原本擬推出王建煊的新黨，見林郝參選，乃轉而支持自稱是「正統國民黨」的林郝配；民主進步黨經過長達4個多月的兩階段黨內初選，最後彭明敏擊敗許信良、林義雄、尤清，脫穎而出，以謝長廷為競選夥伴，參選總統。

四組參選人馬經過數次電視辯論，選戰激烈。選舉活動期間，中華人民共和國在台灣海峽舉行三波軍事演習和飛彈試射，對台灣人民進行文攻武嚇，其恫嚇對象，主要是具有本土化傾向的李登輝，以及明確主張台灣獨立的彭明敏。中國的飛彈演習引起台海緊張，國際社會對於中國這種撒野的行為，紛紛表示不滿與指責，例如1996年2月5日，美國當局透過華盛頓郵報表達對台海情勢的關切，並已成立一個由國防部主導的小組定期評估台海

終於舉辦有史以來首次總統的民選。

1995年的下半年，台灣開始掀起總統選戰的熱潮。8月，監察院長陳履安寄回國民黨黨證，辭去監察院長之職，宣布參選總統，並邀律師王清峰搭檔參選；隔週，李登輝宣布參加國民黨黨內初選，獲91%的黨代表選票支持，李登輝找了當時擔任行政院長的連戰做搭檔；國民黨副主席林

情勢；2月10日，日本的《朝日新聞》以〈反對在台灣海峽舉行軍事演習〉為題發表社論指出，中國雖將台灣問題視為內政問題，拒絕外界干涉，但中國對台灣海峽行使武力的作法，不僅影響到兩岸，也影響到整個亞洲地區的安定與和平；2月15日，正在法國史特斯堡舉行的歐洲會議，通過「中華人民共和國對台灣軍事行動威脅」決

議案，要求北京當局不要進行任何挑釁行動，並籲請歐洲聯盟理事會對北京行使影響力，避免侵犯台灣的行動。這是近幾年來歐洲議會六大黨團首次以聯合緊急提案方式促使歐洲會議做成決議，以表達歐洲民意對中國製造台海緊張的不滿，與對台灣的支持；美國更採取具體行動，派出「獨立號」和「尼米茲號」兩艘航空母艦航近台灣海峽就近觀察。

這場被國際輿論形容為「槍口下的台灣」的選舉，於3月23日順利完成投票，投票率高達76.4%，李登輝、連戰以5,813,699票，當選第一屆的民選總統，得票率54%；第二高票的彭明敏、謝長廷，得2,274,586票，得票率21.13%；林洋港、郝柏村得1,603,790票，得票率14.90%；陳履安、王清峰獲1,074,044票，得票率9.98%。以李登輝和彭明敏二者的得票合計，就有8,088,285票。日本學者井尻秀憲指出，中國所謂的「隱性台獨」的李登輝，和「顯性台獨」的彭明敏，兩人合計的得票率就有75%，顯示台灣住民中，壓倒性的多數不受中國的威脅（見井尻秀憲編著《中台危機の構造》）。

這次台灣民選總統，在歷史上具有相當的意義。國民黨政府自1949年流亡入台之後，因為憲政運作的長期癱瘓，逐漸失去民意基礎。對台灣本地而言，國民黨統治集團逐漸被譏為「外來政權」。自蔣經國主政後，雖然大力起用本地人，但這並不表示國民黨的真正「本土化」和「民主化」，反而是「入其轂」的本地人的「國民黨化」，「外來政權」之性質並未褪色。自1991年「萬年國會」的所謂「老賊」們紛紛退位，接著，國民大會、立法院相繼全面改選後，這個「外來政權」的「外來」色彩顯然褪色不少。而今，總統也由公民直接票選產生，這樣民選產生的政府，就很難完全說是流亡的外來政權（當然，如就憲法而言，台灣實行的憲法，還是以流亡前的南京憲法為本，仍難完全脫離「外來」的色彩）。

總之，有了民選的國會，又有了民選的總統，台灣要做為一個主權獨立的國家，條件就更加具備了。雖然，她的國號，仍然沿用1949年早已經結束的國家的名號—「中華民國」。

98 電腦資訊大國的建立

在資訊化的潮流中，1990年代的台灣，逐漸從資訊產業大國進入資訊應用大國。

台灣最早使用電腦，乃是台糖於1958年（民國47年）租用的IBM1440電子計算機，將資料處理作業電腦化，用以處理存量管制、會計與薪工等業務，使得國內各界對於資料處理電腦化的觀念獲得具體的認識。1960年代，引進美國所製造的電腦，擔任各種研究分析工作，如1962年交通大學在聯合國資助下裝設IBM650型電子計算機一部，後於1964年換裝IBM1620型電子計算機。同年台灣大學工學院亦安裝同型計算機一部，與交通大學一樣作為教學與研究之用。行政院於1968年11月成立「電子處理業務資料籌劃小組」，1971年改制為「行政院電子資料審議委員會」。

台灣政府原先欲將產業型態轉型為資本密集的石化產業，但因1970年代的石油危機，促使政府在1978年開始將產業型態轉而導向技術密集的「策略性工業」，資訊產業即是其中之一。也因發展資訊產業的需要，政府開始在1980年起，積極推展資訊化運動。

首先，行政院在1979年頒訂「科學技術發展計畫」，並選定資訊產業為國家策略性發展產業。並頒訂「資訊產業十年計畫（1979-1989）」。另外，行政院長孫運璿指示經濟部以財團法人方式成立輔導民間的組織，在經濟部部長張光世發起下，於1979年7月24日成立「財團法人資訊工業策進會」，由李國鼎擔任首任董事長，成為民間資訊化的搖籃。資策會並從1980年開始舉辦年度電腦展迄今，台灣現今資訊發展蓬勃，資策會可說是居功厥偉。

行政院研考會也自1979年起開始研究中文電腦之發展，行政院也於1981年成立「行政院資訊推動小組」，推動業務電腦化，政府並透過扶植民間產業的方式，加速資訊科技的研發與推展工作。1982年行政院研考會完成「施政計畫及重要方案列管按鍵系統」及「院長提示與院會決議系統」兩項應用系統，並於1982年6月10日使用於院會，顯示台灣的決策階層已邁入電腦化資訊時代。同年，研考會完成「全國資訊行政體系」報告書，開始推行政府業務資訊化。1987年縣市政府在台灣省政府頒訂「台灣省所屬縣市政府電腦作業發展原則」下，進行業務資訊化的推動。

台灣雖在政府策略性工業發展原則下成立新竹科學園區，輔導資訊廠商，並在1986年成立台灣積體電路公司，漸使資訊工業產值大增，成為資訊大國，但是台灣

「資訊生活化」將是未來邁向資訊大國的重要長程目標。

在1980年代僅是資訊生產大國，而非資訊應用大國。然而，企業界也開始運用資訊科技，如銀行界開始進行電腦連線與提款機的運用，圖書館也開始建構電腦圖書索引系統等，企業界已經運用電子郵件（E-mail）取代平面郵件，台灣證券交易所也引進電腦通訊作爲交易訊息之用。不過，台灣眞正進入資訊時代，可說是在1990年代才如火如荼的推展。

1990年，台灣學術網路（TANet，http://www.moe.gov.tw/tanet/tanet1.html）、HiNet與SeedNet開始發展網路系統。其中，台灣學術網路在1990年由教育部與各主要國立大學組成，用以支援全國各級學校及研究機構間之教學研究活動，以相互分享資源並提供合作機會，並於1991年12月由教育部電算中心申請64Kbps數據專線，連接美國普林斯頓大學JvNCnet安裝完成，可直接連通美國國家科學基金會網路（NSFNET），完成初步網際網路骨幹，爲台灣最早建構的網路，迄今已完成T3。中華電信公司HiNet、資策會的SeedNet與其他ISP公司也相繼在美國開放網際網路作爲

商業用途後，於1992年開始提供網際網路的商業性服務。

台灣在資訊化的潮流中，逐漸從資訊產業大國進入資訊應用大國。

1993年，行政院資訊推動小組首先編訂第一本資訊白皮書《政府業務電腦化報告書》，第二年擴及全國，積極推行台灣NII計畫，藉以達到資訊生活化的目標。資推小組並於1995年提出「三年內三百萬人上網」的口號，落實網路時代的來臨。於此，政府除透過台灣學術網路（TANet）的架設架構，提供學生與學術人員免費使用外，並透過中華電信網路（HiNet）與資策會種子網路（SeedNet），提供民間申請運用；另外，積極推行校園電腦化與網路資訊化，提撥經費予國小購置電腦教室、建構網路設施，從事國小、國中等資訊基礎教育紮根工作，政府機關亦建立電子化政府，推展資訊系統的建置；教育部也開始著手進行遠距教學。另外，中華電信在公共場所提供開放性網站，使得電腦設備普遍化。國家圖書館推行圖書資料數位化、資料庫化與網路化。「三年內三百萬人上網」的任務於1998年12月達成，然而因爲學校推廣教育較爲積極，且學子學習能力快、使用成本低，所以在蕃薯藤所做的調查中，以15-30歲年齡層使用網路居多。

網路發展即隨著電子化政府/網路化政府的發展與民間熱烈的推動下，逐漸深入人民生活，如BBS、電子傳媒、電子商

務，也掀起若干課題的討論，分述如下：

1.虛擬空間的出現：首先，BBS系統與新聞群組（news group）隨著台灣學術網路興起於校園，虛擬空間（cyberspace）藉以形成人們透過BBS方式互相告知傳達訊息。

2.網站的架設：隨著政府推行NII，積極架設網路系統的同時，政府也在1996年推展政府網站（government access）的架設，藉以提供訊息。企業與個人也興起架設網站（website），提供公關、聯絡的管道。如在1997年的政治選舉中，候選人也開始運用網頁推銷自己，此一現象在2000年的總統選舉將更為明顯。蕃薯藤也在1995年建立台灣網站的搜尋器。

3.傳播媒體的應用：就傳播媒體而言，中國時報首開風氣之先，開始在1997年提供網路電子報，興起傳媒透過網路傳播新聞的風氣，如台視、TVBS、華視等以動態視訊或文字的方式報導新聞。小眾媒體也紛紛的出現，如中山大學南方社區以電子郵件傳達訊息，台灣大學於1999年推出網路電視，將視訊傳媒推至極致。此使「秀才不出門，能知天下事」成為事實。

4.電子商務：民間也在1997年開始推行線上購物、網路證券等商業用途，如光華商場在1997年開始推出虛擬商場，提供民眾購置電子商品之用。大信綜合證券公司也在1998年開始推出網路證券，提供即時訊息，使得網路商務漸趨發達。中華航空、長榮航空也在1998年開始發展線上訂位與電子票務，從而使電子商務更為便利。

5.網路視訊：網路電話與視訊會議的推行則將會議形式由地理空間轉為虛擬空間。銀行由1980年代的提款機形式，轉變為1990年代的虛擬貨幣與虛擬銀行的形式。教育方式，也開始透過衛星傳導的方式推廣網路教學，將網路與資訊的運用將更為普遍。

6.SOHO族的出現：隨著網路的興起，SOHO族逐漸興起。他們透過個人工作室來維繫個人自主性，從而逐漸改變台灣個人的經濟謀生方式與生活型態。

7.終生學習的時代：隨著網路與資訊時代的來臨，因為資訊與知識累積太快，必須終生學習。教育部也於1998年開始研擬終生學習，以免被時代淘汰。

8.政治型態的轉變：台灣政治除了之前所述，各候選人架設網站推銷自己外，各政治團體、政黨也紛紛以此一方式搭起與民間溝通的橋樑，並且興起電子投票的趨勢。如國民黨於1998年的中央委員選舉即是用電子投票的方式，立即知道選舉結果，免去開票的作業時間。另外，隨著虛擬空間的出現與視訊的方便性，也有人開始探究直接民主的可行性。

9.倫理課題的探究：學術界也漸漸興起資訊應用與倫理課題的探究，亦有學者討論對資訊的恐懼與政府對資訊應用的不安全感。首先，有人將政府比喻為喬治歐威爾在《1984》一書中的老大哥，而隨時提防政府對資訊的濫用，並將對人民的隱私權有所危害。如1998年政府擬推行國民IC卡委外案，便在學術界的反對下宣告失敗。第二，有人認為資訊時代將導致倫理秩序的瓦解與重整，認為資訊的流通方式將從傳統由中央/核心流通至邊陲/偏遠的溝

通模式，轉變為個人主義式的平等發言權。但是，台灣也將面臨資訊富裕與資訊貧困的平等與抉擇問題。所謂資訊富裕者，即是創造資訊科技並成功運用之人，將會因之更容易擁有知識、財富與權力；相反的，資訊貧困之人即是處於劣勢之人。台灣在未來如何更為平等地賦予每一國民平等使用資訊科技的權利，使其享有平等的發言權，也成為當今的課題。第三，隨著資訊科技的整合與資訊時代的到來，台灣的價值觀與社會秩序將會受到國際主流社會的衝擊。即是：台灣從封閉體系轉變為開放體系，便有學者對台灣主體性的逐漸喪失、傳統價值觀的淪喪與遭西方國家侵蝕而感到憂心。

資訊時代現今方來臨。隨著資訊科技的不斷創新，對人類經濟模式、生活型態與統治模式均有所影響，我們實難論斷未來的方向。或許Alvin Toffler在《第三波》（1979）所說的這一段話，可以提供我們面對未來的一些思考：

「在我們生命裡，一個新的文明正冉冉升起。然而，視而不見的人卻想壓制它。這個新文明帶來新的家庭型態、新的工作方式，改變愛的方式和生活的方式，帶來了新的經濟和新的政治衝突，也帶來新的意識。」

（本節原稿由陳碧源先生執筆，經著者加以刪節。）

99 精省

1996年底，凍省之議在國發會中獲得共識，宋楚瑜展開反撲。
1998年底，台灣完成精省改革。

　　台灣的憲法和行政區，一直停留在「35行省」的大中國舊體制的設計，形成台灣省與中央政府在人口上有81%重疊，管轄的土地面積有98%重疊，而且產生全世界最畸型的「一省二市」行政區，與疊床架屋的四級政府，導致資源分配的嚴重扭曲及浪費。

　　這種疊床架屋的制度，早在1957年雷震主辦的《自由中國》雜誌中就曾經以〈小地盤大機構〉為題的社論，略加討論了。到了1972年元月，坐滿10年政治獄出獄的雷震，曾經寫了一份洋洋萬言的《救亡圖存獻議》呈給蔣介石總統，提出十項政治興革方案，其中一項他更明確建議「廢除『省級』制度，以求行政組織能配合目前的現實環境」。雷震說：「過去在大陸時期，地區遼闊，為求統治上的方便，確實有設立『省級』的必要。在今日台灣地區，包括金馬在內，也只有二十幾個縣市，何況交通又如此方便。但在中央級與縣市級之間，還有一個累贅的『省級』，而中央政府與省政府所管轄的地區相差既十分有限，中央各部會與省政府各廳處所主管的事務也十分接近，除了外交、僑務和蒙藏之外。因此，教育廳幾乎完全成了教育部的公文承轉機構；財政廳也幾乎完成了財政部的公文承轉機構。…有了一個省級，只是公文上增加了一次公文承轉的手續，除浪費了許多人力物力和財力外，反而降低了工作效率和延誤時間。….遠在民國四十八年，青年黨左舜生在『治台方案』中，就認為只要中央政府而沒有設立省政府的必要。最近由於我們退出聯合國，監察委員陶百川更在監察院年度檢討會中公開建議將省政府便為『虛級』制度，可見是人同此心。所以為配合現實環境，節省人力物力，應該廢除省級。」

　　此後，在80年代以降的民主運動中，仍有在野人士陸陸續續提出廢省及調整行政區的改革意見，但不為蔣政權所接受。蔣政權認為廢了省，無異是促使台灣獨立，這是他們所不能忍受的。

　　時序進入90年代，台灣開始民主化，經過修憲之後，不再官派省主席，改為省長民選。1994年12月3日，舉行台灣有史以來的省長民選（北、高兩院轄市市長也同時民選）。國民黨的宋楚瑜擊敗民進黨的陳定南當選省長。省長改為民選固然是民主化的表現，但是疊床架屋的畸型體制依然未變，廢省之議仍然存在。

1994年，台灣舉行首屆民選省長選舉，上圖為宋楚瑜，下圖為陳定南。宋楚瑜擊敗陳定南當選第一任也是最後一任民選省長。（許伯鑫攝）

於12月31日，祭出辭職手法對抗黨中央，一旦辭呈批准，必須辦理補選，將不堪煩擾。但是中央對宋的辭呈留中不發，宋只好以「請辭待命」自我解釋，繼續留在省長任上，與中央相抗衡。

宋楚瑜此時與李登輝顯然漸行漸遠。不過，台北有媒體指出，凍省不是李宋漸行漸遠的「因」，而是「果」，在1996年國民黨總統大選勝利後，宋曾當面向李登輝要求行政院長職務不成，兩度求官不成，才是宋與李逐漸疏離的肇端（見1999.3.20《自由時報》2版），事實如何，只有宋楚瑜最清楚。不過，宋對於凍省的反對相當積極，1998年2月10日，宋楚瑜發飆砲轟中央說，「舉世從來沒有哪個國家會把所有[地方]行政業務拿到中央，來作為國家發展的目標。」可惜，這句話完全沒有針對問題

1996年（民國85年）12月，李登輝召集朝野人士舉開國家發展會議，廢省之議仍被提出，最後達成「凍省」的共識。李登輝主導的國民黨主流，開始朝「凍省」方向努力，但新黨及部份國民黨內保守勢力反撲。省長宋楚瑜更炮打中央，極力反對，認為這是針對他的權力鬥爭。宋甚至

的本旨攻擊，他完全置三、四十年來廢省之議的主旨於不顧，因為，他沒有想到，舉世從來沒有一個國家，竟然在全國轄區的大部分另設一個省，以致該省的業務幾乎與中央重疊。這絕對不是一個講求現代管理理念的現代國家應該有的制度。因此，宋楚瑜的邏輯應該反過來思考：舉世從來沒有哪個國家會把中央行政業務拿到一個與中央差不多大小的「地方」，來作為國家發展的目標。宋楚瑜又說，「廢省，

國家發展會議。（黃子明攝）

一個太監在看到皇帝制度要結束時，會說：「沒有了皇帝，國還能成國嗎？」了解前面的為什麼之後，就不難知道為什麼有人在面對廢省之議時說：「廢掉省，不是太愧對省民了嗎？」再試問，為什麼滿州政權結束後，許多人在面臨剪辮子時卻痛哭流涕、傷心欲絕？為什麼秋瑾主張女子放足時，那些綁小腳的女人卻群起罵她是人群中的妖魔？為什麼林肯解放黑奴時，許多黑奴卻渾身不自在，痛罵起林肯來？了解前面的為什麼之後，就不難知道為什麼習慣做台灣「省民」而不習慣做台灣「國民」的人，會抱著省不放。

在反動勢力的掣肘下，廢省不成只好「凍省」，最後更妥協成「精省」。1997年7月18日，第3屆國民大會第2次會議三讀通過修改後的「中華民國憲法增修條文」，完成「精省」的法定程序。為了平和完成精省改革工程，行政院決定以「兩階段」方

不太愧對省民了嗎？」他竟然沒有想到，如果沒有省，何來「省民」好愧對？倒是為了疊床架屋的省級制度，阻礙國家整體發展，才是愧對國民。

翻開歷史，任何變法維新的改革，必然面對三種人的阻礙與反對，一是「既得利益者」，二是「既得觀念者」，三是「既得習慣者」，試問，為什麼清末康梁變法維新主張廢除科舉制度時，反對最力的是那些童生、秀才、舉人？為什麼反對廢除「國父思想」「三民主義」課程最力的人，剛好是教這兩門課的先生們？為什麼當年反對國會全面改選最力的人，是那些在國會中不經改選的「老賊」？知道前面的為什麼之後，就不難知道為什麼反對凍省最力的人，是省長宋楚瑜、省議員及地方樁腳們。試問，為什麼清朝權貴榮祿面對康有為的變法維新之議時，喊出：「祖宗之法不可變」？為什麼大學士徐桐會說：「寧可亡國，不可變法」？為什麼中國最後

末代省議會開會情形。「精省」之後，省議會終結，由省諮議會取而代之。（黃子明攝）

式調整省府組織，在「台灣省政府功能業務與組織調整暫行條例」施行期間，省府組織將以「台灣省政府暫行組織規程」定之，精省過渡後的省府組織，則以類似福建省模式存在。1998年10月9日，立法院三讀通過〈台灣省政府功能業務與組織調整暫行條例〉，明訂省府為行政院派出機關，非地方自治團體。省府不再擁有財產權、課稅權，省產及負債由國家概括承受；組織上省府設省府委員9名，由官派省主席綜理省政業務。省議會終結後，改成「省諮議會」，議員由行政院長提請總統任命。「省諮議會」將扮演省政府被動諮詢的角色。

　　1998年下半年，中央20多個相關機關開始與省府各廳、處、會暨所屬部份二級機關，完成業務與人力移撥的計劃書（例如行政院農委會對應省農林廳）。12月1日為法定期限，台灣省長、省議會終於走進歷史。

　　雖然為了安撫具有「大中國情結」的「反台獨」舊勢力，致使廢省終不能徹底，但是這次的精省，也算是一大改革了。

【基本參考資料】
◆雷震，〈救亡圖存獻議〉，1972，手稿。
◆劉道義，《為什麼要廢省？》，1997，著者自印。

100 「特殊兩國關係論」的提出

1999年7月9日，李登輝回答德國記者的訪問時，明白表示海峽兩岸的關係，是「特殊的國與國關係」。

1999年（民國88年）7月9日，總統任期只剩下九個多月的李登輝，在接受「德國之聲」記者的訪問，回答有關台灣獨立問題的時候表示，自1991年修憲之後，我國政府統治的正當性就只有來自台灣人民的授權，與中國人民無關。在1991年修憲後，兩岸關係是特殊的國與國關係，所以沒有再宣布台灣獨立的必要。

李登輝這一談話，無異宣布放棄中國國民黨外來政權長期以來所堅持的「一個中國」的原則。因此，他的談話於翌日騰諸報端後，引起國內外相當大的迴響，民進黨以及許多獨派陣營的人士，給予高度的肯定。民調結果，有70%以上的民眾肯定李登輝的這個宣示。作家李喬形容他的心情說：「個人數月以來生機索然，魂弱欲斷；乍聞驚雷，心神一振，百骸俱暢。」

然而最難過的，卻是台灣島內的一群「統」派人士，尤其是中國新黨。他們於7月24日集結數百人上街抗議李登輝的宣示。他們之中過去有許多人發誓要保衛中華民國，還有不少人發誓要「消滅共匪」的，現在聽到李總統說「中華民國是一個主權獨立的國家，不屬於中華人民共和國」，竟然瘋狂地起來抗議。李總統雖然提兩國論，但還尊重「中華民國」名號，他們都尚且如此不容，則對於越來越多主張用「台灣」正名的人，不知他們將會做出何等瘋狂的反應了？

中國北京當局的反應更為激烈，他們以近乎狂叫的口吻，指責李登輝這種「分裂祖國」的言行是在「玩火自焚」，甚至還有人主張要以

1995年的「告別中國」大遊行。早在李登輝發表「兩國論」的4年之前，台灣人民就已經用行動表示同樣的看法。（莊萬壽攝影、提供）

「叛國罪」通緝李登輝。他們無視於台灣存在的事實，再度宣稱台灣是其治下的一省，如果有人要製造「分裂」，將不惜以武力解決，甚至揚言，如果台灣將「兩國論」入憲，人民解放軍將立即攻台，完全不知「主權在民」爲何物。北京還指責「兩國論」是在破壞和平，眞是匪夷所思，企圖動武的人，竟然指責可能被攻擊的人在破壞和平。

1997年香港回歸中國前夕，台灣發起「Say NO To China」的萬人聚會，這是聚會前的遊行，行經中國國民黨黨部前。（莊萬壽攝影、提供）

美國內部的反應呈現多元現象。輿論、學界及國會議員多數支持「兩國論」，但是抱著「多一事不如少一事」態度的柯林頓則不表支持，他不滿意李登輝在此時提出這個談話，尤其美國因在北約攻擊南斯拉夫的行動中誤炸中國大使館（1999年5月7日），中美關係低迷而正待恢復之際，柯林頓當然不希望台海局勢緊張，添增他的麻煩，影響中美關係。所以，柯林頓於7月18日親自以熱線電話告訴江澤民，重申美國仍採「一個中國」政策，但同時敦促江澤民以和平方式解決與台灣的歧見。這通熱線電話含有兩面意義，一面繼續主張「一個中國」政策，對台灣實際獨立存在的現實並無影響；但另一面要求中國不得動武，則實際發揮警告的作用。

由於柯林頓政府的態度並不支持「兩國論」的說法，李登輝乃見勢於7月20日親自解釋「特殊的國與國關係」，旨在求得以平等對等的地位和中共談判，不是要搞台灣獨立，我們的政策依然是追求中國的民主統一。同一時期國民黨秘書長章孝嚴則大聲表示：反對台灣獨立是國民黨永遠不會改變的政策。7月23日，李登輝在接見前來了解「特殊的國與國關係」的AIT主席卜睿哲（Richard C. Bush）時說：「我是反對台灣獨立的」。李登輝的談話經常予人前後閃爍、飄忽不定之感，到底是他有兩面性格，抑或是「進兩步，退一步」的策略？

雖然李登輝的「特殊兩國關係論」的宣稱，畢竟只是定義的規定，並非法制上的變革。不過從歷史的觀點看，李登輝的這一宣示，「是台灣歷史進程的大事件，也是台灣邁入21世紀前夕的政治大突破」（胡忠信語）。這也是台、中關係史的一個里程碑。

關於台中關係的演變，我們不妨簡單回顧一下台美斷交以後的台、中互動關係，及李登輝的重要言談——

1979年元月起中美建交、台美斷交後，元旦當天，中國人代會發表一篇〈告台灣同胞書〉，除了大談「統一祖國的工作，是每個黃帝子孫的共同任務」之類的政治神話外，呼籲「三通」（通郵、通航、通商）、「四流」（學術、文化、體育技術的交流）。翌日，中國人民解放軍停止對金門、馬祖的砲擊。

1981年9月底，中國人代會常務委員會委員長葉劍英，發表有關台灣和平統一的9項提案。蔣經國則強調堅持「三不」（不妥協、不接觸、不談判）政策，並提出「以三民主義統一中國」的口號。

1983年6月鄧小平也發表5點有關統一的意見，與葉劍英之說相似，具有「一國兩制」的意涵。

1984年中英就1997交還香港問題方案初定之後，逐步移用於對台政策，於是形成「一個中國、和平統一、一國兩制、不承諾放棄使用武力」的基本原則。在此原則下，中國當局用以下手法對付台灣：1.外交孤立；2.武力威嚇；3.以通促統；4.以民逼官、以商圍政；5.走私槍械、偷渡人口，治安擾亂；6.以民族感情號召。

由於在經濟方面，台灣面臨台幣升值、工資上漲以及國際保護主義的壓力，中國廣大市場的潛力，吸引台商間接進行貿易，進而投資。1985年6月，行政院宣布對中國轉口輸出採取「不接觸、不鼓勵、不干涉」原則，默許間接貿易。

1987年7月，台灣解嚴，之後，開放大陸探親。翌年（1988年）1月蔣經國病逝，李登輝繼任總統。

1988年7月，中國國務院公佈「台灣同胞投資獎勵規定」，以期吸收台資。

1989年3月李登輝訪問新加坡，李光耀以「來自台灣的總統」稱呼李登輝，李登輝回答說：「雖不滿意，但可接受」。5月台灣派遣代表團進入北京，參加亞洲開發銀行年會，財政部長郭婉容率團入北京，這是台灣首次有官員抵達北京。

1990年10月7日，總統府成立「國家統一委員會」，翌年3月發表〈國家統一綱領〉，揭示兩岸的統一，分「近程—交流互惠階段」「中程—互信合作階段」「遠程—協商統一階段」三階段逐步達成。

1991年1月，為了不直接跟北京當局做官方接觸，台灣成立財團法人「海峽交流基金會」，接受陸委會委託辦理民間交流過程中，涉及公權力而不便由政府出面處理的事務性、技術性服務事項；中國方面則於12月設「海峽兩岸關係協會」為對等機構。

1991年5月，廢止動員戡亂時期臨時條款，意即結束與中國共產黨的內戰關係。

1993年4月，中國的「海協會」會長汪道涵，與台灣的「海基會」董事長辜振甫於新加坡初次會談。不過對於漁事糾紛、劫機犯遣返等議題卻難有協議，因為其中涉及主權司法管轄的結構性問題。兩會到了1995年初，已經開過7次事務性談判，中國海協會常務副會長唐樹備與台灣海基會秘書長焦仁和互相來往於台北與北京之間，但仍未達預期結果。

1994年2月9日，李登輝訪問菲律賓、印尼、泰國；5月4日，李登輝訪問中美的尼加拉瓜、哥斯大黎加，及非洲的南非、史瓦濟蘭等4國。

1995年，李登輝以私人身分訪美，在康乃爾大學發表演說。（許伯鑫攝）

　　同年4月1日，台灣觀光客24人在中國浙江千島湖遭中國公安人員殺害。李登輝以「土匪」一詞怒斥中國政權；4月24日，李登輝接受日本作家司馬遼太郎訪問，吐露「生為台灣人的悲哀」，並指國民黨政權也是一個「外來政權」，引起台灣內部統派人士的不滿。

　　4月28日，美國眾議院通過台灣關係法優先於「817公報」修正案，取消對台軍售金額限制。

　　1995年1月30日，中共總書記江澤民提出所謂「台灣和平統一」的8項看法（人稱「江八點」），反對分裂分治，主張平等協商。2月1日，行政院長連戰在立法院對「江八點」作出回應，指兩岸關係將進入協商時代。4月8日，李登輝提「李六點」回應江澤民的「江八點」，其中表示，若中共放棄以武力犯台，兩岸即可進行中止內戰狀態的預備性和談。

　　6月7日，李登輝暨夫人以私人身分訪美。為了反對李登輝的訪美，中國海協會將預備舉行的兩會高峰會談延期。中國當局並掀起一連串批判李登輝的動作。

　　7月21日，中國宣布一連8天在東海公海域進行地對地飛彈演習。8月15日，又舉行第二次導彈演習。

　　1996年台灣總統大選。選戰期間，李登輝再度呼籲兩岸結束敵對狀態，但中國在台灣近海發動第3波飛彈演習。美國兩艘航空母艦進入台灣海峽，靜觀其變。

1997年10月，中國國家主席江澤民訪美，表明美中結爲建設性的戰略夥伴。

1998年4月21日，中斷2年10個月的兩會會談又恢復，海基會副秘書長兼行政院大陸委員會企劃處長詹志宏率團赴北京，與中國海協會就台灣海基會董事長辜振甫前往訪問事宜取得共識。促成兩岸恢復對話的主因，是由於中國考量尙須進一步改善對美關係，柯林頓一再希望兩岸恢復對話，而柯林頓即將訪問中國。

6月下旬，美國總統柯林頓訪問中國，這是對去年江澤民訪美的答訪。此行意義在化解1989年六四天安門事件以來中美雙方的對立關係。27日雙方簽署總額逾30億美元的商貿合同，簽署了3項防範武器擴散的聯合聲明，江澤民則希望美方能遵守中美3個聯合公報及中美聯合聲明的原則和承諾。柯林頓表示遵守「一個中國」原則，並鼓勵江澤民推動兩岸會談。柯林頓在這次訪談中，接受記者訪問時，以口頭表明對台灣的「三不」態度—不支持台灣獨立，不支持台灣加入聯合國及以國家資格參加的國際組織。柯林頓的談話，確實造成對台灣內部某程度的刺激，反彈之聲四起。

7月，美國參眾兩院決議，基於「台灣關係法」繼續支援台灣。

10月海基會董事長訪問中國，14日辜汪在上海會面，距上次新加坡會談已事隔5年。15日辜汪達成4點共識，其中包括兩會決定進行對話，對話內容將包括經濟、政治多方面。此行辜振甫並與中國國務院副總理錢其琛、國家主席江澤民個別會談。

辜振甫此行並邀請汪道涵來台訪問，時間雖未確定，但原預計可能在1999年秋天。不過，李登輝總統的特殊兩國論發表後，好面子的中國人不能忍受，表示若不將兩國論收回，汪道涵將不會來台。

李登輝提出「特殊兩國關係論」之時，正值隔年（2000年）總統大選的選情開始熱絡起來之時。李登輝屬意連戰接他的棒，但宋楚瑜志在必選，與黨中央公開決裂，準備參選總統。民主進步黨則推舉去年連任台北市長失敗的陳水扁出來角逐。有人解釋，李登輝拋出兩國論，主要是對付宋楚瑜的戰略，要考驗他的中國政策。是耶？非耶？李登輝曾經自比成帶領以色列族人出埃及的摩西，難道只是把眼光放在對付政客，而不是趕在任期屆滿之前替台灣安排一條走出奴役的道路嗎？

自1949年以來，台灣於中華人民共和國之外獨立生存，並發展出舉世肯定的經濟成果，這是無庸置疑的事實。近十年來，台灣更在朝野的努力奮鬥下，有了民主化的基礎成果，也受到國際社會的讚揚。這半世紀來，台灣如果是在中共政權統治下，絕對不可能有這樣的成績。因此，任何試圖將台灣的地位置於北京政權下的一個地方政府的位階，都會對台灣的成果造成傷害，也是對台灣人民五十年來的努力的否定與屈辱。

台灣擁有民選總統、民選國會、擁有自己的貨幣、自己的海關，做爲國家的條件，理應具備。台灣甚至是世界192個國家中的第14大貿易國，第7大海外投資國，個人平均所得第23大。台灣海峽兩岸實際上已經發展出兩個國家的局面，這兩個幾乎

是同文同種的國家，如果能彼此尊重、相互提攜，不僅可以共存共榮，更將可促進國際的和平，造福世界。近幾年來，中國北京當局一直以中央政府的姿態向台灣喊話，逼迫談判；美國也只顧眼前的方便，要求台灣納入「一個中國」的框架中。在這種夾縫中，民選總統李登輝指出，海峽兩邊的關係是兩國關係，這是兩千兩百萬台灣人民中大部分人的心聲，也是台灣人民求生存的起碼立場。2000年新總統產生後，台灣能不能在這最起碼的生存立場上，進一步脫胎換骨？歷史正在考驗全體台灣人民。

【基本參考資料】
◆中川昌郎，《中國と台灣》，1998日本東京，中央公論社。
◆山本勳，《中台關係史》，1999，日本東京，藤原書店。

【附錄】

跳出中國傳統歷史意識才能落實兩國論

為什麼北京當局在聽到「兩國關係論」之後會有近乎發狂似的反應？因為他們跳不開中國傳統的歷史意識。因為他們不具備現代國家的觀念。

今日人類所具有的「現代國家」的觀念，是在18世紀下葉經過美國獨立建國、法國大革命以後才逐漸成熟。西方尚且如此，更遑論長期以來以王朝為基礎的「中國」，就更難產生現代國家的概念。梁啟超曾經不客氣指出中國歷史上根本「只有朝廷，沒有國家」。

中國傳統的歷史意識，是建築在兩個基礎上面，一是「大一統觀」，另一是「正統論」。

東亞大陸自秦漢起，出現大帝國的局面維續長達400餘年。秦漢帝國不僅奠定了後來「中國」版圖的基礎，也為往後華人的世界根植下「大一統」的觀念。秦漢之後，儘管在東亞大陸上幾度出現列國並立的局面，但是「大一統」的價值觀念卻一直在華人的心海中烙下一道神聖的投影，視中央集權的大帝國為「常態」，視列國並立的時期為不正常。這種觀念使得一些帝王將相往往以打破列國並立的局面、追求「天下一統」為神聖的歷史使命；而史家也亦步亦趨，以「天下一統」取向做為謳歌歷史的標準。

在「天下一統」的觀念下，「普天之下，莫非王土；率土之濱，莫非王臣。」而且「天無二日，民無二王」，「天子」逐

鹿中原的主要目的是在完成其「一統天下」的「歷史任務」。萬一「天下」實在「統」不起來，而產生群雄並立的「分裂」之局，便要爭個「正統」的地位，宣稱自己的政權才是「正統」，其他都是亂臣賊子，正所謂「漢賊不兩立，王業不偏安」。所以，傳統的「大一統觀」，其伴隨的另一面必然是「正統論」。其實這是古代專制王朝的產物，與主權在民的國民主權國家相去十萬八千里。

然則，我們審視歷史，自秦帝國以降的2215年間，列國並立的期間就有733年，這段約佔三分之一長的時間，豈可視為「非常態」？如果再將先秦時春秋戰國群雄並立的時間也統計進來，則列國並立的時間長達1282年，佔42%的時間，豈能以「非常態」來看待？再說，人民生活水準的高低，與是否「大一統」，並不必然成「正相關」。有時候，在列國並立的時代裡，有些地方生活過得好好的，可是在遭受「大一統」之後，生活水平頓然下降，甚至因此進入動盪不安之境。最典型的例子，像四川，歷史上曾經出現數次獨立的政權，生活水平不見得差，被「統一」之後（例如被趙匡胤的宋併吞），不久就發生農民被剝削而爆發的農民革命；再試看五代十國時期的大閩國，前後約53年，但在福建地區之開發，尤其是海外交通與貿易的重大轉變，卻有著重大的意義。中國的傳統史家顯然不在乎這些「分」「合」之間的社會意義，他們只在乎是否「大一統」，只要「大一統」，即使生活水準降低了，也無所謂；如果「分裂」，即使生活較好，也不應該。

「大一統」下的中國，幅員廣大，南與北，東和西，差異極大，加以屬行中央集權，結果往往抹煞了地方上的特性，阻礙各地方的創造潛能。為了滿足「大一統」的政治迷思，寧可浪費許多資源和精力，賠上無數的生命，以促成「大一統」，這是中國積弱的因素之一。政治學者白魯恂（Lucian W. Pye）就曾明白指出中國這個歷史問題。

易言之，中國不知道United（聯合）的意義，卻只知道Unified（一統），前者可以創造雙贏，後者卻只是相贅相累。

今天，中華人民共和國內部問題重重，他們不把財力精力放在自己內部問題的解決，卻寧可用來對付台灣，要台灣非跟他「大一統」不可。而且，他是「正統」，我們是他的一部份。這完全是擺脫不掉傳統的歷史意識使然。

面對中國這種傳統歷史意識，我們應該設法曉以大義，與之溝通說明，讓他們清楚現代國家的意義，不要老是用那一套前近代（Pre-modern）的觀念來看問題。我們要讓他們明白，台灣與中國建立兩個平等互惠（文化交流、經濟合作）的兄弟之邦，對雙方只有好處，沒有任何壞處。但是，我們當局不曾在這方面向中國當局表示過清楚的概念，卻反而在他們文攻武嚇之下，以退縮的口吻一再向他們交心，說我們不放棄將來「統一」的理想。其實，我們之所以不敢表明，是因為我們當中也一樣擺脫不掉這種傳統的歷史意識。

過去，台灣的歷史教育有三大特色（毛病：1、以漢族沙文主義為中心的「中華民族主義」迷思；2、以「大一統論」和

「正統論」爲基礎的大帝國情結；3、以「中國中原爲中心，台灣爲邊陲」的史觀。

　　台灣過去的歷史教育，所灌輸的歷史意識正是上述那套「霸者之私天下」的時代產物，在二十世紀九〇年代的台灣，還要隔海去爲過去「中國」的舊王朝（及各並列的政權）找正統、追正朔、辨漢賊，其立足點也完全是站在中國中原立場，沒有台灣主體性的考慮。把台灣置於大中國的邊陲來看，因此不僅造成台灣學生對台灣的陌生，更使台灣學生的國家認同，發生嚴重的錯亂與模糊。這種歷史教育所灌輸出來的歷史文化意識，正好便宜了北京當局那個強調「大一統」的「前近代」政權的對台統戰，卻嚴重危及我們今天在台灣要致力於現代國家的建設。

　　今天，我們既然正確面對「兩國論」的事實，就必須在教育上擺脫傳統的歷史意識，回到台灣爲主體的史觀來推行我們的歷史教育。有正確理性的歷史觀，才會有清楚的國家認同，否則空提兩國論，也是枉然。

（原載1999.8.7自由時報）

補記

　　本書脫稿後不久，1999年9月21日，台灣發生集集大地震，震幅遍及全島，死亡兩千多人，傷者逾萬人，且對台灣經濟乃至世界電腦業產生影響。這是台灣自二二八事件以後的再一次重大傷亡事件，不能不說是台灣歷史上的一件大事。

　　本書寫就之前，沒有預計將天災事件列入，例如1935年的中部地震，1959年的八七水災，1964年的嘉南地震，雖有相當的災情，但未產生久遠或結構性的影響。1999年9月21日集集大地震，較諸先前的天災，影響較大，本書因已脫稿，爰於付梓之前，補記數語於此，願全體台灣人在承受大自然的挑戰中，能激發堅毅的鬥志，從苦難中站起。

李筱峰作品年表

書名	出版年	出版者	性質	備註
一個大學生的覺醒	1978	藍燈文化	政治教育評論	
革命的和尚 —抗日社會運動者林秋梧	1979	八十年代	傳記文學	
恐龍的傳人	1981	四季	政治教育評論	
叛徒的告白	1981	四季	政治教育評論	一個大學生的覺醒增訂再版
政治小檔案	1983	前衛	政治評論	以筆名「李哮佛」發表
台灣戰後初期的民意代表	1986	自立報系	政治史論文	
台灣近代名人誌 (一～五冊)	1987-1990	自立報系	歷史人物傳記	與張炎憲、莊永明等合著
我們不做空心人	1987	敦裡	教育評論	
台灣民主運動40年	1987	自立報系	政治史	
二二八回憶集	1989	稻鄉	史料彙編	與張炎憲合編
眉批台灣	1989	自立報系	政治評論	
二二八消失的台灣菁英	1990	自立報系	歷史人物傳記	
台灣革命僧—林秋梧	1991	自立報系	傳記史學論文	
進出歷史	1992	稻鄉	歷史論文集	
台灣要衝決網羅	1992	自立報系	政治評論	
島嶼新胎記—從終戰到二二八	1993	自立報系	政治史	
台灣歷史閱覽	1994	自立報系	台灣史入門書	與劉峰松合著
吾輩是狗	1994	前衛	政治評論	
統獨十四辯	1995	玉山社	政治評論	
台灣—我的選擇	1995	玉山社	歷史論文集	有關台灣國家認同的論文集
台灣史論文精選 (上、下)	1996	玉山社	史料彙編	與張炎憲、戴寶村合編
林茂生・陳炘和他們的時代	1996	玉山社	傳記史學論文	
解讀二二八	1998	玉山社	政治史	島嶼新胎記增訂再版
聖誕老公公不見了	1998	禾雅	政治評論	
台灣史100件大事	1999	玉山社	台灣歷史	

【玉山社出版公司出版目錄】

本土新書系列

編號	書名	作者	定價
A001	台灣在國際法上的地位	彭明敏・黃昭堂著／蔡秋雄譯	380
A002	希望有一天	林義雄	220
A003	關於拉馬達仙仙與拉荷阿雷	王家祥	180
A004	核四公投・千里苦行	林義雄	300
A005	我喜歡這樣想你	胡慧玲	200
A006	台灣・我的選擇	李筱峰	160
A007	統獨14辯	李筱峰	180
A008	阿媽的故事	女性權益促進會策劃／江文瑜編	280
A009	消失中的台灣阿媽	曾秋美訪問／江文瑜編	250
A010	島嶼愛戀	胡慧玲	250
A011	選總統的12種方法	苦苓編著	160
A012	台灣醫界大師──李鎮源	李瓊月	250
A013	台海安全情報──透視兩岸攻防戰備實力	謝淑媛編著	200
A014	小矮人之謎	王家祥	150
A015	蘭陽風土記事	陳柏州	200
A016	台灣論	莊萬壽	380
A017	中國論	莊萬壽	320
A018	台灣史論文精選（上）	張炎憲・李筱峰・戴寶村／主編	380
A019	台灣史論文精選（下）	張炎憲・李筱峰・戴寶村／主編	380
A020	山與海	王家祥	190
A021	林茂生・陳炘和他們的時代	李筱峰	300
A022	台灣跨世紀建設論	吳豐山	180
A023	亮在紙頁的光──卅九位世界詩人的心境與風景	李敏勇	200
A024	綻放語言的玫瑰──二十位台灣詩人的政治情境	李敏勇	200
A025	查某人的二二八──政治寡婦的故事	沈秀華	230

A026	抗爭與認同—台灣戲劇現場	邱坤良	280
A027	發現後山歷史	林韻梅	240
A028	打開頻道說亮話—台灣14位非主流文化工作者訪談	台教會策畫／江文瑜・張國慶編	280
A029	香港宿命與台灣	廖建龍	260
A030	體驗花草	龔于堯	220
A031	倒風內海	王家祥	280
A032	草地醫生	吳平城・胡慧玲／合著	200
A033	解讀二二八	李筱峰	250
A034	永遠的山	陳　列	200
A035	台灣世紀豪門—辜振甫家族	司馬嘯青	280
A036	台灣媳婦仔的生活世界	曾秋美	350
A037	日治時期台灣電影史	葉龍彥	380
A038	走過後山歲月	林韻梅	280
A039	菜鳥校長報到	蕭秀芳著／阿潔繪圖	250
A040	心的奏鳴曲—李敏勇詩集	李敏勇	200
A041	台灣人和日本人—基隆中學F-man事件	田村志津枝	280
A042	海中鬼影——鱟人	王家祥	250
A043	台灣藝妲風華	邱旭伶	300

影像・台灣系列

B001	台灣舊路踏查記	劉克襄	550
B002	懷念老台灣	康原撰文／許蒼澤攝影	380
B003	童話植物—台灣植物的四季	陳月霞 文／攝影	420
B004	大地有情—台灣植物的四季	陳月霞 文／攝影	480
B005	台灣美術閱覽	李欽賢	380
B006	台灣百年前的足跡	楊南郡	380
B007	台灣囡仔歌的故事	施福珍詞曲／康原文／王灝繪圖	350
B008	台灣古老火車站	李欽賢・洪致文合著	380
B009	後山原住民之歌	林建成	380
B010	台灣建築閱覽	李乾朗	420
B011	傷口的花—二二八詩集	李敏勇編集	400
B012	蘭陽三郡動物誌	吳永華	390
B013	台灣音樂閱覽	陳郁秀編	320
B014	戀戀北投溫泉	八頭里仁協會策劃／洪德仁編	280
B015	台灣高山曆誌	呂紹煒	390
B016	花蓮港廳動物誌	吳永華	380
B017	台灣火車知性之旅	李欽賢	390

B018	後山族群之歌	林建成	380
B019	台灣電影閱覽	李泳泉	280
B020	莿桐最後的望族——我這樣探尋家族故事	林保寶	450
B021	霧社事件	鄧相揚	350
B022	霧重雲深——霧社事件後，一個泰雅家庭的故事	鄧相揚	280
B023	福爾摩沙稻草人	金成財	250
B024	我的62個稻草人朋友	金成財	280
B025	台灣民間故事	王詩琅著／王灝圖	320
B026	台灣歷史故事	王詩琅著／李欽賢圖	300
B027	南湖記事——宜蘭大濁水溪流域踏查足跡	台大登山社‧陳文翔編	390
B028	丹大札記	台大登山社‧何英傑編	390
B029	看見老台灣	張建隆	320
B030	福爾摩沙大旅行	劉克襄	480
B031	台灣史100件大事（上）	李筱峰	390
B032	台灣史100件大事（下）	李筱峰	390

綠色種子系列

F001	望遠鏡裡的精靈——台灣常見鳥類的故事	劉克襄	250
F002	台灣鳥類發現史	林文宏	680
F003	台灣的菱角鳥——水雉	林顯堂	280
D001	台灣植被誌（第一卷）	陳玉峰	1000

【購買玉山社書籍的方法】

1. 利用郵政劃撥：請至郵局劃撥
   劃撥帳號：18599799
   戶名：玉山社出版事業股份有限公司
2. 利用信用卡訂購：請來電索取傳真信用卡訂購單
   服務電話：02-23951966
   傳真電話：02-23951955

◎郵購書籍有9折的優惠，如購書總額在500元以下，請另加掛號費50元。
◎團體洽購，另有優惠。

國家圖書館出版品預行編目資料

台灣史100件大事／李筱峰著 . -- 第一版. --
　臺北市：玉山社，1999 [民88]
　冊；　公分. -- (影像‧臺灣；31-32）

　　ISBN　957-8246-25-0 (上冊：　平裝). -- ISBN
957-8246-26-9 （下冊：平裝）

1. 台灣－歷史

673.22　　　　　　　　　　　　　88013879

影像‧台灣 32

台灣史100件大事（下）

作　　　者／李筱峰
發 行 人／魏淑貞
出 版 者／玉山社出版事業股份有限公司
　　　　　台北市忠孝東路一段83號9樓之3
　　　　　電話／(02) 23951966　　傳眞／(02) 23951955
　　　　　電子郵件地址／tipi395@ms19.hinet.net
　　　　　郵撥／18599799 玉山社出版事業股份有限公司

總 經 銷／吳氏圖書有限公司
　　　　　台北縣中和市中正路788-1號5樓
　　　　　電話／(02) 32340036 (代表號)

主　　　編／王心瑩
編　　　輯／王曉春、游紫玲
封面設計／大觀視覺顧問
行銷業務／吳俊民
法律顧問／魏千峰律師
排　　　版／極翔電腦排版企業有限公司
印　　　刷／中原造像股份有限公司

定價：新台幣390元
第一版一刷：1999年10月　　　　　　第一版二刷：1999年12月